킬러 씽킹

킬러 씽킹

시장의 한계를
뛰어넘는
13가지 아이디어 엔진

박성연 지음

브라이트

혁신의 성공 확률을 높이려면 신선한 자극과 훌륭한 길잡이가 필요하다. 이 책에서 소개하는 신제품 TV 개발 사례를 비롯한 저자의 경험들은 신선한 자극이 되고, 킬러 아이디어를 설계하는 프레임워크와 아이디어 엔진은 혁신을 비상하게 하는 동력이 된다. 킬러 씽킹으로 당신의 혁신적 아이디어를 꽃피우길 기원한다.

| 구글코리아 김경훈 사장 |

이 책에는 현존하는 최고의 혁신 방법론인 디자인 씽킹을 국내에서 과감히 실천해 온 혁신가의 거침없는 제안이 담겨 있다. 기업 전략이 경쟁 전략으로 치닫는 현실에서 고객 중심의 새로운 전략을 시각화하고 실행하는 방법을 소개한다. 생존을 넘어 지속적인 번영의 길을 찾는 개인과 기업이 혁신을 실천하는 데 필요한 지침서로 자리매김하길 기대한다.

| 삼성전자 안용일 부사장 |

소비자들에게 최고의 경험으로 감동과 놀라운 변화를 제공해야 살아남는 시대다. 킬러 씽킹은 소비자의 근원적 문제를 포착하고 솔루션을 찾는 방법을 알려준다. 구체적이고 현실적이어서 읽는 내내 아이디어를 자극한다. 상품 기획자부터 디자이너, 마케터와 배송 및 서비스 종사자들까지, 새로운 아이디어를 찾는 사람들은 매일 밤 재능과 영감을 준다는 그리스의 요정이 찾아오기를 기대하며 잠이 든다. 이 책은 이들에게 바로 그 그리스 요정 같은 존재가 되어 아이디어를 선물할 것이다.

| LG전자 최성봉 상무 |

아이디어만 있으면 신사업을 빠르게 만들어낼 수 있는 시대다. 그래서 역설적으로 어느 때보다 차별적인 아이디어가 절실하다. 비즈니스 아이디어란 아무 제약 없이 충분히 생각을 발산한 뒤 실제 비즈니스로 수렴시켜서 만들어내야 하는, 발산과 수렴이라는 이질적 작업을 해야 하는 어려운 과업이다. 삼성전자 출신으로 한국의 '아이디오'인 크리베이트를 15년째 이끌고 있는 저자는, 생각을 발산하는 13가지 아이디어 엔진과 이를 비즈니스로 가시화하는 6단계의 프로세스를 통해 이 어려운 과업에 효과적인 솔루션을 제시한다.

| 현대자동차 신사업전략 담당 김민성 상무 |

새로운 아이디어로 고객 가치를 만들어내는 일, 오늘날 기업이 직면하고 있는 가장 절실하고도 어려운 과제에 도전하고 있는 이 책은 학자의 책상 위에서 만들어진 단순한 이론서가 아니라 기업 현장에서 고객들과 직접 부딪히면서 숱한 고민과 땀으로 빚어낸 구체적인 방법론을 제시하고 있다. 아이디어를 만들어내는 방법과 구체적인 절차, 그리고 실질적인 비즈니스로 연결하는 단계까지 저자의 오랜 비법이 모두 공개되어 있어 바로 실무에서 적용할 수 있다는 것이 큰 장점이다. 창의적 아이디어를 통해 조직을 혁신하려는 고민을 가진 기업, 공공기관, NGO에서 일하는 리더와 실무자 등에게 적극적으로 추천한다. 책을 다 읽고 나면 독자의 머릿속에 새로운 아이디어와 함께 당장 무엇을 해야 할지가 떠오를 것이다.

| SK네트웍스 박상규 대표 |

혁신은 결코 우연히 떠오르는 행운이 아니다. 누구도 속 시원히 대답해 주지 못한 답답함을 이 책이 해결해 주었다.

| 포르쉐코리아 최영환 전무/CMO |

창업 초기에 만났던 박성연 대표는 정말 잘할 것 같았다. 그리고 정말 잘해 왔다. 이 책에는 그의 사업 비밀이 고스란히 담겨 있다. 정말 이렇게 풀어놔도 되겠냐고 묻고 싶은 정도다. 물론 경험의 깊이는 하루아침에 만들어지는 건 아니기에, 앞으로도 우리에겐 크리베이트가 계속 필요할 것 같다.

| 롯데면세점 이상진 상무/CMO |

혁신 기업의 모든 의사 결정에는 '플러스 알파'가 필요하다. 이 플러스 알파를 위해 '생소하지만 말이 되는' 사업적 가설과 실행 방법을 찾아내는 것이 리더의 일이다. 이 책은 이러한 혁신적 방법과 가설을 찾기 위한 실질적인 가이드를 제공한다. 혁신하고자 하는 모든 이를 위한 필독서다.

| 쏘카 위현종 부사장 |

아이디어 내기에 지쳐서 '역시 죽이는 아이디어는 천재성이나 우연에 의해 만들어진다'라며 포기하려는 이들에게, 그 생각을 깨뜨려 줄 책이다. 쉽게 읽히는 문장들이지만 그 속에는 아이디어 컨설턴트로서 오랜 경험에서 나온 체계적인 방법론이 깊게 녹아 있다. 고객을 감동시킬 아이디어가 필요한 당신에게 이 책은 완벽한 무기가 될 것이다.

| 국민은행 하윤 고객경험디자인센터장 |

창업가, 제품 기획자, 마케터, 디자이너라면 반드시 봐야 할 책. 자신의 아이디어를 10배 더 가치 있게 만들어줄 신비한 마법과도 같은 방법론을, 저자의 생생한 현장 경험을 예시로 매우 쉽게 설명해 준다. 좋은 아이디어는 전구가 번쩍 켜지듯이 갑자기 나오는 것이 아니다. 수없이 의심하고 반복하고 수정하고 실험하면서 만들어 나가는 것이다. 이 책은 그 과정을 훨씬 더 체계적이고 효율적으로 실행할 방법을 제시한다. 당신의 아이디어가 너무 단순하거나 허무맹랑하거나 지루하다고 포기하기 전에 반드시 이 책을 보길 바란다. 마지막 페이지를 넘기기 전에 그 아이디어는 사람들이 "와우!"를 외치는 번뜩이는 아이디어로 변해 있을 테니까.

| 신세계 시그나이트파트너스 임정민 투자총괄 |

킬러 씽킹은 신사업이나 새로운 서비스나 제품을 기획할 때 아이데이션을 위해 꼭 필요한 방법론이다. 10여 년 전 크리베이트를 통해 '크리에이티브 컨설팅' 영역을 처음 알게 되었는데, 박성연 대표가 강조한 '아이디어 발산과 수렴의 기법'이 책에 일목요연하게 정리되어 있어 반가웠다. 새로운 기획에 도전하는 후배들에게 필독서로 추천한다. 특히 업계 표준이 정착되지 않은 새로운 인더스트리에 몸담고 있는 분들에게는 비지니스의 성공을 위해 무조건 강력 추천하는 책이다. 매일 새로운 아이데이션을 해야 하는 나 역시 이 책이 알려주는 대로 사람들에게 '진심'이 닿을 때까지 생각의 스트레칭을 쭉쭉 하려고 한다.

| 람다256 김지연 CSO |

스타트업에서부터 대기업에 이르기까지 모든 회사가 소비자의 마음을 얻기 위해서 고민하고 있다. 하지만 갈대와 같은 소비자의 마음을 지속적으로 만족시키는 일은 결코 쉽지 않다. 15년에 걸쳐서 '고객 가치' 한 가지만을 고민해 온 박성연 대표의 이 책은 새로운 가치를 창출하는 데 관심 있는 사람들에게 큰 깨달음을 줄 것이다.

| 카카오벤처스 김치원 상무 |

"당신은 생각을 할 수 있는가?"라는 질문에 자신 있게 "그렇다"라고 답할 수 있는 사람은 많지 않다. 우리의 뇌는 외부 자극에 반응해 생각을 떠올릴 뿐, 스스로 능동적이기 힘들기 때문이다. 그래서 세상에서 가장 어려운 게 자신의 고정관념을 깨고 새롭게 생각해 내는 일이다. 13가지 아이디어 엔진은 스스로 생각하는 능력을 키워준다. 부디 이 책을 읽은 독자들은 수동적인 생각에 휘둘리지 말고 주도적으로 지휘하며 건설적인 비즈니스를 만들어 가시길 바란다. 주어진 대로 사는 게 아니라 생각의 주인이 되어 적극적으로 창의하고자 하는 모든 이에게 추천한다.

| 한국인공지능협회 김현철 회장 |

우리는 혁신을 강요받는 세상을 살아가고 있다. 신산업에서 전통적인 산업, 조직에서 개인에 이르기까지 이 시대를 살아가는 모두에게 혁신은 가장 중요한 화두이자 숙제다. 이 책은 혁신의 원천인 킬러 아이디어를 도출하는 전략을 쉽고 매력적으로 전한다. 혁신을 위한 마인드셋과 혜안, 실행력을 갖추길 희망하는 모든 이에게 이 책을 추천한다.

| 단국대 창의인재개발연구소 정효정 교수 |

5년 전 어느 글로벌 브랜드의 매장 혁신 프로젝트를 진행하면서 서비스 디자인의 혁신 방법론에 대한 자문을 구하기 위해 박성연 대표를 만났다. 그때 나눴던 혁신에 관한 인사이트가 인상 깊게 남아 있다. 공공 영역에서의 서비스 혁신도 이 책에서 제시하는 킬러 씽킹을 훈련한다면 실현 가능할 거라 기대한다.

| 제주관광공사 고은숙 사장 |

그동안 '이건 아이디어가 될 수 없다'라며 버렸던 나의 수많은 생각이 머릿속을 스쳐 지나갔다. 이 책을 읽었더라면 빛나는 아이디어로 탄생시킬 수도 있었을 텐데! 저자의 다양한 경험과 사례를 접하는 내내 가슴이 뛰는 신나는 경험을 했다. 이토록 두근대는 건 그의 태도에 사람을 향한 진심이 녹아 있기 때문일 것이다.

| 초록우산 어린이재단 박찬경 팀장 |

대기업 회사원에서
억대 아이디어를 파는 CEO가 되다

나는 삼성전자의 평범한 회사원이었다. 그러다 삶을 바꾼 흥미로운 경험을 하게 된다. 'TV의 미래 시나리오'를 만드는 프로젝트를 맡게 된 것이다. '셀 수 없을 만큼 많은 채널이 생긴다면 TV는 어떤 모습일까? 지금처럼 리모컨으로 조종할 수 있을까? 무엇이 어떻게 달라질까?' 등 TV의 미래 모습을 그리는 프로젝트였다.

보이지 않는 미래 시나리오를 그린다는 것은 모호한 일이다. 그래서 회사에서는 프로젝트 결과물을 특허로 출원하라는 미션을 내렸다. 공대 출신도 아닌 나에게 '특허'라니, 아이디어를 내는 것도 어려운데 대체 특허라는 것은 뭘 어떻게 만들어야 할지 막막하고도 어려웠다.

무언가를 잘 모를 때 가장 좋은 방법은 무엇일까? 일단 부딪혀 보기? 물론 그것도 좋은 방법이다. 하지만 좀 더 쉽고 편리한 방법은 누군가가 미리 찾아놓은 답을 참고하는 것이다. 그래서 먼저 '특허 아이디어'로 책을 찾았는데 마땅치가 않았다. 그렇다고 물러설 수는 없는 노릇. '아이디어 만드는 법'으로 찾았더니 꽤 많은 정보가 나왔다. 아이디어를 만드는 데에도 방법이 있다니, 한 가지도 아니고 여러 방법이 있다니, 놀라웠다.

책과 인터넷으로 찾은 지식을 적용해서 TV 아이디어를 냈다. 그랬더니 100개 정도의 아이디어가 나왔다. 물론 이 숫자는 대단하지 않을 수도 있다. '하늘을 나는 TV', '걸어 다니는 TV' 이런 식의 아이디어라면 하루에 100개, 아니 1,000개라도 만들 수 있을 것이다. 그런데 100개라는 숫자보다 놀라운 것은 사람들의 반응이었다. 팀원들은 신선하다는 반응을 보였고 사내 특허 팀은 100개 중 절반은 특허로 도전할 만하다고 했다. 그중에서 24개가 특허로 등록되었고 3개는 해외 특허까지 받았다.

세상에나, 내가 특허를 받다니. 회사에서 낸 특허이기 때문에 소유권은 회사가 갖지만 발명자에 내 이름 석 자가 적히는 건 정말 신기한 일이었다. 이를 계기로 나는 좀 더 본격적으로 아이디어 관련 책들을 보기 시작했다.

그런데 얼마 후 건강이 안 좋아져 더 이상 회사를 다닐 수가 없게 되었다. 건강부터 회복하자는 생각에 일단 무작정 쉬기로 했다. 지금껏 휴학이나 재수 한 번 하지 않고 학교 졸업 후 줄곧 일한 나에게 이 정도는 허락해도 괜찮겠다 싶었다. 그런데 내 소식을 접한 이들이 일을 의뢰했다. 이럴 바에 차라리 사업자라도 내자 싶어 사업자를 등록했다.

삼성전자를 나와서 보니 세상에는 재미난 일들을 하는 사람들이 참 많았다. 나는 그 사람들처럼 창의적이고 혁신적인 일들을 하고 싶었다. 그래서 회사 이름을 '창조하다'라는 뜻의 크리에이트 crevate와 '혁신하다'라는 뜻의 이노베이트innovate를 합쳐서 크리베이트crevate라고 지었다. 회사 이름에 '창의'와 '혁신'이 들어간 것을 보고 어떤 이들은 좋은 말을 다 가져다 붙였다고도 했고, 어떤 이들은 뭔가 대단한 일을 하는 회사 같다고도 했다. 나에게 회사 이름은 일종의 선언이었다. 그렇게 되겠다는 다짐이었다.

회사 이름을 짓고 다음으로 한 일은 혼자만 알고 있기 아까운 혁신적인 제품이나 서비스들을 '혁신 사례'라는 이름으로 블로그에 하나둘 소개하는 것이었다. 그런데 그 글을 본 어느 기업에서 신규 사업에 필요한 사례 분석을 의뢰해 왔다. 지금 생각해 보면 초심자의 행운이었다.

프로젝트 기간은 단 2주일, 미국과 일본 시장을 조사하는 일이었다. 비용도 적고 기간도 너무 짧아서 다른 회사들은 못 한다고 거절한 상황이었다. 회사는 인건비뿐만 아니라 운영비가 많이 들기 때문에 비용이 비쌀 수밖에 없다. 하지만 나는 이제 막 사업자를 등록한 무늬만 회사였다. 2주만 일해도 몇 개월 치 월급을 받는 셈이었기에 바로 프로젝트를 수락했다.

사업자를 등록한 지 불과 한 달도 되지 않아서 의뢰받은 첫 프로젝트였다. 최선을 다하지 않을 수 없었다. 일본과 미국의 인맥을 총동원해서 제품과 서비스를 샅샅이 살펴보았다. 단순 시장조사를 넘어 현재 고객사가 생각하는 비즈니스 모델의 장단점까지 분석했고, 더 추가하면 좋을 사업 아이디어까지 제시했다.

결과는? 고객사는 만족하는 수준을 넘어서 오히려 미안해했다. 이 금액으로 이렇게까지 일하면 자신들이 너무 미안하다는 것이었다. 그 뒤 프로젝트 책임자는 다른 부서에 크리베이트를 소개해 주었다. 그렇게 알음알음 입소문이 났고, 끊임없이 러브콜을 받기 시작했다.

처음에 내가 하는 일의 정체를 이해하는 사람은 거의 없었다. 아직 국내에 대중화되지 않은 서비스다 보니 고객사를 이해시키는 데도 시간이 걸렸다. 처음에는 그들이 필요로 하는 일을 했다. 조사를 원하면 조사를 했고 인터뷰를 원하면 인터뷰를 했다. 그런데 단순히 조사만 한 것이 아니라 '이런 아이디어는 어떨까요?' 하고 몇몇 아이디어를 덧붙여 제안했다. 그랬더니 다음에는 아예 아이디어를 내고 콘셉트를 만드는 프로젝트를 후속으로 의뢰했다. 그렇게 아이디어 컨설팅을 본격적으로 시작하게 되었다.

나는 소비자의 관점에서 기업의 서비스를 원점부터 재검토한다. 그리고 단순히 아이디어를 파는 게 아니라 소비자 중심의 아이디어 컨설팅을 제공한다. 새로운 제품이나 서비스의 기능과 타깃만 제시하는 게 아니라 제품이 소비자에게 어떤 변화를 일으킬지 예측해 소비자의 삶을 바꾸는 아이디어를 제시한다. 수많은 아이디어 중에서 소비자가 가치를 느끼는 '무엇'을 선별하는 것이 가장 큰 차이점이다. 그렇게 탄생한 아이디어의 대표적 예가 바로 의류 관리 기기 'LG 스타일러'다.

스타일러는 소비자의 삶을 바꿀 미래 가전을 고민하다가 나왔다. 처음에는 옷장 밑에 '물 먹는 하마' 같은 제습제를 두는 것이 번거로우니 '습기를 제거해 주는 스마트한 옷장'을 만들자는 아이디어가 나왔다. 그런데 아이디어가 계속 덧붙여졌다. 왜 습기만 제거하냐, 냄새도 제거해 주면 좋겠다, 균까지 제거하는 항균 기능도 넣고 먼지도 없애주자, 구김 있는 옷은 다려서 아예 새 옷처럼 만들어주면 좋겠다 등……

이 아이디어는 시장에서 임팩트가 클 수밖에 없다는 생각이 들었다. 트렌드를 살피고 실제로 가정 방문도 해보니 세 가지 근거가 보였다. 첫째, 대체로 사람들은 옷을 드레스 룸에서 갈아입는

데 세탁기는 베란다에 있어서 구조적으로 불편했다. 둘째, 드라이 클리닝이 필요한 고급 소재의 옷을 찾는 사람들이 많아졌는데 이런 옷들은 매번 세탁하기가 쉽지 않았다. 셋째, 현관에 겉옷을 걸어두는 집들도 보였다. 외국에서나 보던 라이프 스타일이 국내 소비자들 사이에서도 나타난 것이다.

이러한 정황을 조합해 옷장 아이디어를 발전시켰다. 그리고 '좋은 옷을 매일 새 옷처럼 만들어주는 가구 겸 세탁기'라는 콘셉트를 도출했다. 필요한 기능들을 제시하고 구체적인 이미지로 가시화해 LG전자에 전달했다. 먼지를 모으는 장치와 송풍 팬이 달린 옷장의 모습이었다. 그렇게 스타일러가 탄생했다.

아이디어 컨설팅이란 새로운 제품이나 서비스에 대한 아이디어를 필요로 하는 기업에게 창의적인 두뇌를 빌려주고 아이디어를 파는 일이다. 지금에야 아이디어를 사고파는 것이 신기하지 않지만 10여 년 전만 해도 이런 일을 하는 곳은 없었다.

물론 기업들은 창의적 아이디어를 내는 조직을 내부에 두고 싶어 한다. 많은 기업이 실험도 했다. 창의적인 사람들만 모아다가 특별 집단을 만들기도 하고 아이디어만 내는 그룹을 만들기도 했다. 하지만 거의 다 실패했다. 내부의 상황을 잘 아는 것이 독이 되는 경우가 많기 때문이다. 제약 사항을 너무나 잘 알고 있고, 의사결정자의 성향도 속속들이 파악하고 있기 때문에 세상에 필요한 아이디어를 내는 것이 아니라 조직이 좋아하는, 더 정확하게 말하면 조직의 의사결정자가 좋아하는 아이디어를 내는 경우가 더 많았다. 조직 내부에서는 자화자찬하지만 세상으로부터는 외면당하는 아이디어가 나오는 이유다.

국내 최초의 소비자 중심 아이디어 컨설턴트로서 나는 아이디어를 도출할 때 결과가 아니라 과정을 중요하게 생각한다. 이런 점에서 세계적 혁신 기업 '아이디오IDEO'와 유사하다. 아이디오는 미국 팰로앨토의 디자인 회사로 출발했지만 눈에 보이는 스타일에서 나아가 서비스, 비즈니스 모델 등 혁신을 디자인하는 회사로 성장했다. 아이디오의 브레인스토밍 원칙은 세계적으로 유명하다. "판단을 미룰 것", "거친 아이디어를 장려할 것", "다른 사람의 아이디어를 발전시킬 것" 등 아이디오 사옥에 걸려 있는 브레인스토밍 원칙에 대해 들어본 적 있을 것이다.

아이디오 같은 혁신 회사들의 아이디어 설계 과정은 특별하다. 프로젝트 참여자들이 모두 한데 모여 주저하지 않고 자신의 아이디어를 이야기한다. 그러면 한쪽에서는 디자이너들이 그 아이디어를 바로 그림으로 그려낸다. 눈앞에서 이렇게 그림이 펼쳐지면 사람들은 신이 나서 더 많은 아이디어를 쏟아내고, 아이디어는 더욱 구체화된다. 그렇게 아이디어가 발전하는 과정을 보고 있노라면 감탄사가 절로 나온다.

그런데 우리나라에서는 이런 그림을 보기가 쉽지 않다. 회의 주관자가 "아이디어 한번 내보세요" 하면 다들 고개를 떨구며 눈을 피한다. 그러다 사원이 용기를 내 이야기를 시작하면 부장님은 답답하다는 눈빛으로 "그거 이미 우리가 옛날에 다 해봤다"라며 아이디어를 날려버린다. 반대로 사원들은 자신보다 직급이 높은 상사가 아이디어를 낼 때 토를 달기가 쉽지 않다.

나이, 성별, 직급에 가로막힌 아이디어 회의만큼 괴로운 게 또 없다. 브레인스토밍이라도 해보자며 의기양양하게 시작하지만 '쓸데없는 이야기'를 도대체 언제까지 듣고 있어야 되는지 알 길이 없는 상사는 결국 각자 아이디어를 생각해 오라며 숙제를 낸다. 그렇게 아이디어 회의는 숙제 발표 시간이 된다. 아주 흔하게 볼 수 있는 광경이다.

우리는 아이디어를 낸다는 것에 대해 다시 생각해 볼 필요가 있다. 아이디어는 마지못해서 내는 숙제가 아니라 시장의 각종 제약과 한계를 뛰어넘게 해주는 비즈니스 무기다. 글로벌 리서치 업체 닐슨 리서치Nielsen Research에 따르면 비즈니스는 매년 80퍼센트 정도가 실패한다. 하지만 시장의 한계를 뛰어넘는 20퍼센트는 살아남는다. 나는 이처럼 고객 가치를 창출해 소비자의 마음을 예리하게 파고드는 아이디어를 '킬러 아이디어Killer Idea'라고 부른다. 미디어 시장에 압도적인 영향을 미치는 '킬러 콘텐츠'처럼 비즈니스 전쟁에서 살아남아 소비자의 라이프 스타일을 바꾸는 아이디어다.

구글 최고의 혁신 전문가 알베르토 사보이아는 『아이디어 불패의 법칙』에서 "처음부터 '될 만한 놈'을 찾아야 시장을 이긴다"라고 말한다. 냉정한 시장에서 살아남으려면 애초부터 될 만한 아이디어를 선별해 힘을 쏟아야 한다는 것이다. 그의 말을 빌려 표현하자면 킬러 아이디어는 '될 만한 놈'이다. 킬러 씽킹Killer Thinking은 킬러 아이디어를 설계하는 기술이다. 창의적 사고로 다양한 아이디어를 도출하고 그중에서 시장에서 살아남을 킬러 아이디어를 선별해 비즈니스로 가시화하는 전 과정을 포괄한다.

이 책의 1부에서는 반복적인 사고에서 벗어나 창의적으로 발산하는 법을 소개할 것이다. 세상에 없던 놀라운 아이디어는 일상화된 사고로는 탄생시킬 수 없다. 2부에서는 창의적 아이디어 중에서도 고객 가치를 창출하는 킬러 아이디어는 무엇이 다른지 살펴볼 것이다. 그리고 3부에서는 수렴적인 사고에 익숙한 우리의 뇌를 유연하고 자유롭게 발산하는 상태로 바꿔주는 생각 도구를 소개한다. 이 13가지 아이디어 엔진은 브레인 피트니스의 도구다. 4부에서는 이 아이디어 엔진을 활용해 킬러 아이디어를 설계하고 비즈니스로 완성하는 프레임워크 6단계를 알려줄 것이다. 이해를 돕기 위해서 사람들에게 널리 알려진 LG 스타일러를 예로 들어 설명했다. 6단계를 실행하며 킬러 아이디어를 설계하는 기회도 마련해 두었으니 끝까지 함께하기를 권한다.

킬러 씽킹을 위해서는 먼저 자신이 어떤 고정관념을 지녔는지 파악해야 된다. 그래야 고정관념을 지렛대로 삼아 새로운 생각으로 도약할 수 있다. 하지만 이것만으로는 부족하다. 전에 없던 새로운 아이디어들이 그냥 시장에서 이름도 남기지 못한 채 사라진 경우가 얼마나 많은가? 새로운 아이디어를 소비자에게 의미 있게 연결시킬 수 있어야 한다.

나는 이 책에 오로지 아이디어 하나로 소비자의 라이프 스타일을 바꾼 내 경험과 킬러 씽킹의 과정을 담았다. 소비자의 마음을 파고들어 비즈니스 전쟁에서 살아남은 아이디어들이 어떻게 만들어졌는지 알게 될 것이다. 부디 이 책이 시장의 한계를 뛰어넘는 아이디어를 찾는 독자들에게 유용한 무기가 되기를 바란다.

차례

4부 | 고객의 문제를 해결하는 아이디어 불패의 기술
킬러 아이디어를 도출하는 6단계

반복적 사고에서 벗어나서
새로운 시장을 보는 법

| 킬러 씽킹의 기초 |

1부

Killer
Thinking

수렴하는 뇌
vs. 발산하는 뇌

고객 가치를 창출하는 킬러 아이디어를 떠올리려면 일단 창의적으로 생각하는 데 익숙해져야 한다. 소비자의 기대를 뛰어넘어야 마음을 사로잡을 수 있기 때문이다. 창의성에 고객 중심의 사고를 더할 때 킬러 아이디어가 탄생한다.

창의성은 문제를 해결하는 능력이다. 어떤 문제를 맞닥뜨렸을 때 늘 하던 방식대로 푸는 것이 아니라 새롭게 접근해서 문제를 해결하는 힘이다. 보기 싫은 디자인의 화분에 안 쓰는 옷을 입혀서 디자인을 가리는 것도 창의적 사고이고, 장갑이 없을 때 양말을 장갑처럼 손에 껴서 사용다면 그것 역시 창의적 사고다. 창의성은 생각보다 쉽고 흔한 능력이다.

그런데 유능하게 일을 잘하는 사람일지라도 창의성을 발휘해 아이디어를 낼 때 머리를 쥐어뜯는 경우가 많다. 일상 업무를 할 때와 아이디어를 낼 때 사용하는 뇌가 완전히 다르기 때문이다. 따라서 아이디어를 낼 때는 모드를 전환해야 하는데 이게 생각보다 쉽지가 않다.

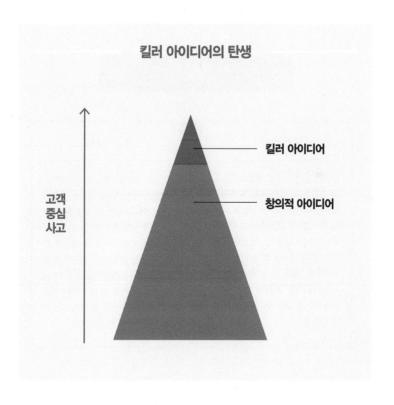

우리는 일상 업무를 할 때 수렴적 사고를 한다. 수렴적 사고란 말 그대로 여러 가지 정보를 하나로 모아서 정리하는 사고다. 수직적이고 선형적이며 명료하게 정제되어 있고, 체계적이며 논리적이다. 수렴적 사고를 활용하면 빠르게 업무를 처리할 수 있기 때문에 효율적이다. 즉, 일상적인 업무를 할 때는 수렴적 사고가 미덕인 것이다.

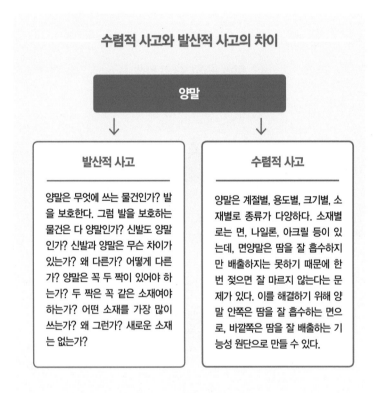

수렴적 사고와 발산적 사고의 차이

양말

발산적 사고

양말은 무엇에 쓰는 물건인가? 발을 보호한다. 그럼 발을 보호하는 물건은 다 양말인가? 신발도 양말인가? 신발과 양말은 무슨 차이가 있는가? 왜 다른가? 어떻게 다른가? 양말은 꼭 두 짝이 있어야 하는가? 두 짝은 꼭 같은 소재여야 하는가? 어떤 소재를 가장 많이 쓰는가? 왜 그런가? 새로운 소재는 없는가?

수렴적 사고

양말은 계절별, 용도별, 크기별, 소재별로 종류가 다양하다. 소재별로는 면, 나일론, 아크릴 등이 있는데, 면양말은 땀을 잘 흡수하지만 배출하지는 못하기 때문에 한번 젖으면 잘 마르지 않는다는 문제가 있다. 이를 해결하기 위해 양말 안쪽은 땀을 잘 흡수하는 면으로, 바깥쪽은 땀을 잘 배출하는 기능성 원단으로 만들 수 있다.

그런데 아이디어를 낼 때는 발산적 사고가 필요하다. 발산적 사고란 수렴적 사고와 반대로 정보를 하나로 모으는 것이 아니라 사방팔방 뻗어나가는 것이다. 기존의 것을 벗어나 유연하게 여기저기, 광범위하게 탐색해 가는 사고다. 수평적이고 비선형적이며 비체계적이고, 비논리적이며 탐색적이고 확산적이다. 하나의 답을 향해 빨리 나아가는 것이 아니라 여기저기를 기웃기웃하기 때문에 효율적이지 않다.

아이디어를 내기가
괴로운 이유

나는 기업, 정부, 학교 등에서 창의 워크숍을 많이 진행한다. 다양한 사람을 한 번에 만나기 때문에 나이, 직급 등에 따른 창의성의 차이를 자주 경험하는데, 창의성은 나이보다는 직급의 영향이 더 크다.

그럼 어떤 직급이 가장 창의적일까? 신입사원 창의 워크숍을 하면 저마다 아이디어를 쏟아내지 못해서 안달이다. 그런데 과장급, 부장급 창의 워크숍을 하면 절간이 따로 없다. 서로 묵묵히 침묵을 지키며 눈빛만 교환한다. 그러다 누군가가 아이디어를 툭 하고 던지면 다들 칼같이 비판하면서 아이디어를 요리 썰고 조리 썬다.

직급이 높아진다는 것은 오랫동안 회사 생활을 했다는 뜻이다. 오랜 회사 생활을 했다는 것은 더 효율적으로 일을 처리하고, 더 자주 보고를 하고, 아이디어를 내기보다 여러 아이디어 중에서 고르는 일을 더 많이 했다는 뜻이다. 계속 그렇게 일하다 보면 새로운 아이디어를 내는 일은 점점 더 어려워진다.

아이디어를 낸다는 것은 하던 대로 생각하는 게 아니라 기존과 다르게 탐색해서 다른 생각을 떠올리는 것이다. 즉, 발산적 사고가 수반되어야 한다.

아이디어를 낸다는 것은 자료를 조사하는 것과도 다르고 정리하는 것과도 다르다. 상시적으로 하는 업무나 보고, 정리정돈과는 전혀 다른 종류의 작업이다. 새로운 생각을 떠올리는 발산적 사고는 산발적인 비체계적 사고다.

그래서 창의적 사고는 회사 안에 정착시키기가 매우 어렵다. 이윤을 추구하는 영리 조직은 효율이 생명이다. 그런데 창의적 사고는 효율과 거리가 멀다.

100개씩, 200개씩 아이디어를 내봤자 살아남는 아이디어는 얼마 되지 않는다. 그럼에도 아이디어를 낼 때는 일단 많이 내야 한다고 하니 이런 고역이 또 없다. 고작 쓸모 있는 몇 개의 아이디어를 위해서 쓸모도 없는 아이디어를 엄청나게 많이 내는 것은 시간 낭비처럼 느껴질 것이다.

수렴과 발산을
섞지 말 것

　문화는 그 안에서 통용되는 사고방식이다. 한국에서는 밥 먹다가 코를 푸니 차라리 훌쩍이는 게 매너 있는 행동이지만 서양에서는 오히려 코를 훌쩍이는 행위를 아주 매너 없다고 생각한다. 똑같은 행위도 문화에 따라서 받아들이는 데 차이가 있다.

　창의적 아이디어도 마찬가지다. 효율을 추구하는 조직에는 수렴적 사고가 팽배하다. 이런 문화에서 새로운 아이디어를 내는 일은 위험하게 느껴진다. 비효율적이고 쓸모없는 일로 여겨지기 때문이다. 새로운 아이디어를 독려하려면 창의적으로 생각해도 안전한 환경을 만들어야 한다.

　가장 손쉽게 창의 환경을 구현하는 방법은 아이디어 회의만이라도 발산과 수렴을 분리하는 것이다. 혼자서 아이디어를 구상할 때도 마찬가지다. 우리 뇌는 동작하는 방식이 다르기 때문에 발산적 사고와 수렴적 사고를 마구잡이로 섞으면 안 된다. 열심히 일상 업무를 하다가 갑자기 "자, 지금부터 아이디어를 내보자!" 하고 외친다고 해서 모드 전환이 바로 이뤄지는 게 아니다.

　다양한 아이디어를 만들려면 발산적 사고를 할 때 검열하지 않고 일단 다 쏟아내야 한다. 그리고 수렴적 사고를 할 때 그 아이디어들을 다시 평가하고 살을 덧붙이고 빼면서 다듬어가자. 이 둘은 반드시 분리해야 한다.

발산하면서 바로 수렴하거나 발산과 수렴을 구분하지 않고 뒤죽박죽 섞으면 창의적 아이디어는 세상 밖에 나오지도 못한다. 아이디어를 낼 때는 성급하게 답을 내리려 하지 말고 충분히 발산하면서 많은 선택지를 만드는 게 중요하다.

100개 중에
5개만 살아남는다

냉혹한 시장에서 살아남는 아이디어를 만들려면 어떻게 해야 할까? 그 시작은 '아이디어를 많이 내는 것'이다. 필요한 만큼만 맞춤하게 내고 성공하는 비법은 없다.

어떤 사람들은 아이디어를 2~3개 내놓고 그중에서 추리려고 한다. '뭐 하러 귀찮게 100개씩이나 내? 어차피 추려지는 것은 똑같은데'라고 생각하는 것이다. 그런데 100개 중에서 추리는 것과 2~3개를 놓고 추리는 것은 차원이 다르다.

에디슨은 특허가 1,000개가 넘는다. 특허 공장장이라는 이름이 붙을 만큼 특허를 많이 냈다. 셰익스피어는 소네트만 150편이 넘는다('셰익스피어의 4대 비극'이 워낙 유명하다 보니 작품을 4개만 쓴 줄 아는 사람들도 있는데 그렇지 않다). 피카소는 무려 3만 편이 넘는 작품을 남겼다. 그냥 많은 정도가 아니다. 1년은 365일, 52주니까 주말 빼고 300개 정도를 1년 동안 만든다고 가정할 때 10년이면 3,000개, 100년이면 3만 개가 된다. 91세에 세상을 떠났다는 것을 감안하면 산술적으로 피카소는 하루에 최소한 하나 이상의 작품을 만든 셈이다. 천재라는 사람들도 어마어마하게 많은 작품을 만든 덕분에 소수의 명작을 남길 수 있었던 것이다.

살아남는 아이디어
5퍼센트의 법칙

돌연변이가 자연 생태계에서 살아남을 확률은 5퍼센트밖에 안된다. 일례로 우리나라의 산과 들에서 자라나는 3,000여 종의 식물 중에서 토종 식물은 150종으로, 역시 5퍼센트다. 아이디어는 지금은 존재하지 않는, 생태계로 따지면 일종의 돌연변이다. 그래서 이 법칙은 아이디어에도 그대로 적용된다. 누가 살아남을지는 알 수가 없다. 그러니 일단 많이 내고, 그중에서 고르는 것을 늘 연습해야 한다.

예전에 TV 프로그램에서 그릇 만드는 사발 명장의 이야기를 본 적이 있다. 그때 한 출연자가 그 명장에게 "사발을 대체 몇 개나 만들어야 그중에서 괜찮은 작품이 나옵니까?" 하고 물었다. 대가의 대답은 놀라웠다. "100개를 만들면 5개 정도가 작품이 된다"라는 것이다. 나는 무릎을 탁 쳤다. 5퍼센트의 법칙이 사발을 만드는 데도 적용되다니.

그 이후로 나는 마음이 무척 편해졌다. 무엇인가를 새롭게 시도해서 성공할 확률은 5퍼센트에 불과하다는 것을 알게 되었기 때문이다. 한두 번 만에 좌절하면서 '내가 부족한가', '나에겐 능력이 없나' 의심할 필요가 없다. 내가 실패하는 것은 너무나 당연하다. 그게 자연의 섭리다. 100번 시도해서 5번만 성공하면 된다. 사람들이 기억하는 것은 100번의 시도가 아니라 5번의 성공이다. 세상은 100개의 아이디어가 아니라 5개의 괜찮은 아이디어에 주목한다.

우리가 내는 수많은 아이디어 중 태반은 이미 존재하는 아이디어일 것이다. 잠깐 생각해서 도출한 아이디어는 세상의 다른 누군가도 이미 생각해 냈을 가능성이 높다. 그런데 실망할 필요 없다. 이미 누군가가 생각해 냈다면 '나만 이런 생각을 하는 게 아니구나. 다른 사람들한테도 의미가 있구나' 이렇게 긍정적으로 생각하면 된다. 그러고 나서 나는 어떻게 이걸 다르게, 또는 더 괜찮게 만들지 고민하면 된다. 실망하지 말고 생각을 계속 이어나가자.

'될 놈'의 싹을
죽이는 말들

많은 기업이 새로운 아이디어를 도출하기 위해서 소위 아이디어 룸이라는 것을 만든다. 벽을 알록달록하게 꾸미고 예쁜 의자들을 놔두는 식이다. 그런데 직원들을 만나 이야기를 들어보면 아이디어 룸에 들어가는 게 무섭고 겁이 난다는 하소연을 많이 한다. 그 공간에서 이야기를 하면 반드시 빠지지 않고 나오는 말들이 있기 때문이다.

"그래, 알겠어. 그런데 그거 내가 해봤는데 별로야."

"그게 되겠어?"

"그거 위에서 싫어하잖아. 아직도 그렇게 코드를 못 읽어?"

"그거 하려면 한 세월 걸리겠다. 일정 내에 할 수 있겠어?"

"예산 초과야! 돈이 무진장 들 거다."

말문을 막아버리는
'Yes, but'

"알겠어. 그런데 그거…"라고 말하며 아이디어의 싹을 잘라내는 'Yes, but'이 난무하면 사람들은 더 이상 이야기하지 않는다. 가만히 있으면 중간은 가니까, 모난 돌이 정 맞으니까 입을 다무는 것이다. 그렇게 아이디어가 죽어버린다. 또는 서로 네가 맞다, 내가 맞다 갑론을박 싸우기 시작한다.

아무도 아이디어를 내지 않거나 아이디어를 쉽게 죽이거나 갑론을박하는 경우는 그나마 나은 편이다. 문제 상황이 그대로 드러나기 때문이다. 그런데 새로운 이야기는 하지 않고 안전한 이야기만 하는, 그래서 점점 지겨워지는 경우는 더 심각하다. 문제는 드러나지 않지만 새로운 아이디어도 나오지 않기 때문이다. 이렇게 안전한 아이디어만 나오는 경우 급기야 서로를 의심하기 시작한다. 저쪽 부서에 새로 온 신입사원은 똑똑한 것 같은데 우리 신입사원은 왜 이러느냐는 식이다.

아이디어는 원래 불안한 존재다. 미래에 속해 있기 때문이다. 검증된 사실이 아니기 때문에 과거의 잣대로 아이디어를 보면 불안하기 그지없다. 더군다나 새롭다는 건 이후에 어떤 일이 벌어질지 예측이 안 되기 때문에 위험하다. 그런데 불안하고 위험하다는 이유로 마음의 장벽을 치면 창의적 아이디어는 나올 수가 없다. 결국 안전한 선택을 하고 지지부진한 결과를 얻게 된다.

떡잎만 봐서는
결코 알 수 없다

현재 우리가 알고 있는 구글의 스마트폰용 운영체제인 안드로이드는 삼성전자의 안드로이드가 될 뻔했다. 앤디 루빈Andy Rubin은 자신이 개발한 안드로이드를 판매하기 위해 2004년 삼성전자를 찾아가 전 세계 스마트폰 제조사에 무료로 운영체제를 제공하는 생태계 아이디어를 제안하면서 제휴와 투자를 요청했다. 하지만 삼성전자는 일언지하에 거절했다. 수천 명의 엔지니어도 못 하는 일을 직원 6명이 한다는 건 말도 안 된다는 이유였다. 2주 뒤 안드로이드는 구글에 5000만 달러에 인수되었다. 2016년 집계된 자료에 따르면 안드로이드는 37조 원 매출에 27조 원 수익이 나는, 수익률만 70퍼센트가 넘는 알짜배기가 되었다.

"될성부른 나무는 떡잎부터 알아본다"라는 말이 있다. 그런데 아이디어만큼은 이 '떡잎론'이 적용되지 않는다. 아이디어가 자라서 꽃이 될지 잡초가 될지는 아무도 알 수가 없기 때문이다.

LG 스타일러 아이디어도 마찬가지다. 이 아이디어는 처음에 옷장 밑에 제습제를 두는 것이 불편하니 제습이 되는 옷장을 만들자는 데서 출발했다. 만약 처음에 그 아이디어가 도출되었을 때 누군가 "그럼 제습 장치를 만들어야 하는데, 옷을 넣을 공간이 줄어들지 않겠어요? 그건 좀 아닌 것 같은데요"라고 이야기했다면 이 아이디어는 그냥 죽었을 수도 있다.

갓 태어난 아이디어를
보호하는 장치

아이디어는 매우 연약하다. 비웃음, 말도 안 된다는 듯한 표정, 지루해 죽겠다는 하품 같은 것에도 아이디어는 픽픽 쓰러진다. 그래서 나는 크리베이트에서 누군가가 아이디어를 이야기할 때 최소한 발산하는 과정에서만큼은 'Yes, but'을 못 하게 한다.

당연히 쉽지가 않다. 말로 해서 안 될 때는 행동이 최고다. 그래서 'Yes, But' 금지 스티커를 만들어서 "그래, 알겠어. 그런데…"가 나오면 얼굴에 스티커를 붙이기 시작했다. 그랬더니 이 스티커 하나가 뭐라고, 정말 사람들의 반응이 달라졌다. 예전 같으면 "그런데 그거 이미 경쟁사에서 하고 있는 거잖아"라고 이야기했을 사람들이 이 스티커를 받지 않기 위해 표현을 바꾼 것이다.

"우리는 어떻게 다르게 해볼 수 있을까?"

물론 아예 입을 닫아버리는 사람들도 있다. 침묵을 선택하는 것이다. 그러다가도 계속 '이상한' 방향으로 이야기가 흘러간다 싶으면 참지 못하고 "일단 스티커 하나 붙이고 시작할게"라며 입을 열기도 한다. 하지만 그것만으로도 유의미한 변화다. 최소한 자신이 'Yes, but' 한다는 것은 인정하는 것이니까.

이들이 성격 파탄자들이어서 말꼬리를 잡는 것은 아니다. 딴에는 나름의 정보를 제공하겠다는 의도가 담겨 있다. '이미 타사에서 하고 있다', '우리가 예전에 시도했었다' 이런 정보를 주는 것이다. 하지만 아이디어는 너무나 연약해서 그런 말에 죽어나간다. 그래서 강제로라도 아이디어를 보호해 줄 필요가 있다. 혼자서 아이디어를 떠올릴 때도 마찬가지다.

내가 무슨 생각을 하는지
알아차려야 한다

다시 스타일러 아이디어로 돌아가 보자. 스타일러 아이디어는

아이디어를 보호하기 위해 'Yes, But' 금지 스티커를 만들어서 "그래, 알겠어. 그런데…"라고 말하는 사람의 얼굴에 붙였다. 그랬더니 사람들의 말투가 달라졌다. "우리는 어떻게 다르게 해볼 수 있을까?"

'Yes, but'을 하지 않은 덕분에 살아남아서 다양한 아이디어를 덧붙이며 발전시킬 수 있었다. '왜 옷장에 제습만 되냐? 살균도 해주자. 왜 살균만 해주냐? 아예 옷을 새것처럼 만들어주자. 다리미로 다려주자' 등등. 이렇게 살아남은 스타일러 아이디어는 오늘날 세탁기보다 많이 팔리는 가전제품이 되었다.

아무리 엉뚱해 보이는 아이디어라도 검열하지 말고 일단 계속 끄집어내는 게 중요하다. 그런데 막상 현실에서는 그게 잘 안 된다. 어떤 생각이 떠올라도 '이게 말이 되나?' 하고 혼자 되뇌다가 결국 '말도 안 돼' 하며 스스로 죽이는 아이디어가 얼마나 많은가? 남들이 'Yes, but'을 하면 얼굴에 스티커라도 붙여줄 수 있지만 본인 스스로 아이디어를 죽일 때는 어찌할 도리가 없다. 더 큰 문제는 자신이 'Yes, but'을 하고 있다는 것조차 모르는 경우다. 그래서 창의적 사고를 할 때는 특히 내가 하는 생각을 알아차릴 수 있어야 한다. 내가 지금 아이디어를 죽이고 있는지, 살리고 있는지 알아차리는 것만으로도 사라질 뻔한 가능성이 열린다.

창의적 사고의
기초 체력 4가지

창의력을 높인다고 하면 어디서부터 어떻게 시작해야 할지 막막할 것이다. 그런데 창의의 속성 4가지를 이해하면 쉽다.

창의에는 독창성, 유창성, 유연성, 정교성이 있다. 이 4가지 속성을 이해해서 새롭게 생각하기(독창성), 빨리 많이 생각하기(유창성), 이것저것 섞어서 생각하기(유연성), 정리해서 정교화하기(정교성)를 반복적으로 훈련하면 창의적 사고의 기초 체력을 기를 수 있다. 각 속성의 특징을 살펴보자.

기초 체력 1
....
독창성
....

'독창'은 홀로 독(獨)에 비롯할 창(創)을 합친 말이다. 다른 것을 모방하지 않고 홀로 시작하는 것, 세상에 존재하지 않는 무엇인가를 새롭게 만들어내는 일이다. 독창적인 생각을 떠올리기란 쉽지 않다. 특히 발상 초기에 떠올리는 것은 아이디어보다는 정보에 더 가깝다. 그래서 이를 정보를 뜻하는 '인포메이션Information'과 '아이디어Idea'를 합쳐서 '인포디어Infodea'라고 부른다.

외계인을 한번 상상해 보자. 외계인이라고 하면 대부분 아주 전형적인 모습을 떠올린다. 외계인의 대명사인 ET조차도 대머리에 눈 두 개, 코 하나, 입 하나, 손가락과 발가락까지 꼭 사람처럼

인포디어와 아이디어

정보　인포디어　아이디어

생겼다. 교육을 잘 받아 사회화된 사람이 처음에 떠올리는 건 아이디어라기보다는 정보에 가까울 수밖에 없다. 기존에 알고 있던 것들이 아이디어의 탈을 쓰고 나오는 것이다. 이는 매우 자연스러운 현상이다. 그래서 사고방식을 바꿔줄 전략이 필요하다.

일단 아이디어를 많이 내야 한다. 초기에 나오는 대다수의 아이디어는 인포디어일 가능성이 높은데, 우리는 그것이 인포디어인지 아이디어인지 구분할 수 없기 때문이다. 만약 세상의 모든 지식을 아는 사람이 있다면 그 둘을 구분하겠지만 그런 사람은 없다.

일단 인포디어부터 다 쏟아내야 한다. 그러다 보면 자연스럽게 진짜배기 아이디어들이 나오기 시작한다. 이것이 바로 아이디어를 많이 내라고 하는 이유다. 창의의 속성을 모르는 채 무턱대고 많이 내려고만 하면 대체 얼마나 내야 많은 것인지, 쓰지도 못할 아이디어를 왜 이렇게 많이 내야 하는지를 이해하지 못한다. 그래서 처음에만 몇 번 시늉을 하다가 평소에 하던 효율 중심의 사고로 돌아가게 된다. 아이디어의 속성을 몰라서 벌어지는 비극이다.

기초 체력 2
유창성

말을 막힘없이 잘할 때 '유창하다'라고 표현하듯이 아이디어도 막힘없이 술술 나오는 것을 유창성이라고 한다. "나무젓가락의 용도는 무엇일까"라는 질문에 10개를 대답하는 사람과 100개를 대답하는 사람 중 누가 더 창의적일까? 양보다 질이라고 생각할 수도 있다. 하지만 창의성에 있어서 중요한 건 질보다 양이다. 발산적 사고를 잘하는 사람은 생각을 이리저리 방사형으로 잘 펼칠 수 있다. 그래서 더 많이, 더 빨리 아이디어를 낼 수 있다.

아이디어를 유창하게 술술 내는 사람에게는 공통점이 있다. 아는 것, 즉 정보가 많다는 것이다. 이들은 "내가 이런 걸 봤는데"로 시작해서 아이디어를 거침없이 술술 내뱉는다. 아이디어는 일종의 아웃풋이다. 어떤 인풋이 들어오면 '나'라는 필터를 거쳐서 내 생각이 투영된 새로운 아웃풋으로 바뀐다. 그래서 똑같은 것을 보고 들어도 각자 다른 아이디어를 내는 것이다.

위대한 예술가 피카소는 "좋은 예술가는 모방하고, 위대한 예술가는 훔친다The good artists copy, great artists steal"라고 했다. 똑같이 하려고 흉내 내는 게 아니라 아예 훔쳐서 내 것으로 만들면 인풋들은 새로운 아웃풋으로 발전한다. 그러니 많은 인풋을 넣을수록 좋다. 책도 많이 보고, 사람들의 이야기도 많이 듣고, 많이 경험할수록 많이 배출할 수 있다.

집단적으로 아이디어를 낼 때도 인풋은 매우 중요하다. 문제는 사람들마다 인풋의 크기가 다르다는 것이다. 어떤 사람은 열심히 트렌드도 보고 이것저것 자료도 많이 찾아서 인풋이 많은데,

인풋이 많으면 아웃풋도 풍성해진다. 이미 알고 있는 것들을 재료 삼아서 새로운 발상을 해내는 것이다. 인풋 월은 한꺼번에 많은 인풋을 넣기에 유용한 도구다.

어떤 사람은 전혀 그렇지 못한 경우가 있다. 이럴 때는 트렌드나 뉴스 기사들을 벽에 잔뜩 붙여놓는 인풋 월Input Wall을 활용하면 된다. 인풋을 한꺼번에 집단적으로 빨리, 많이 흡수하는 것이다. 흔히들 창의적으로 사고하려면 다양한 것을 많이 경험하라고 하는데, 그 이유가 바로 여기에 있다.

기초 체력 3
유연성

동그라미를 보고 떠오르는 것을 말해보자. 축구공, 농구공, 배구공, 야구공 등 오로지 공만 떠올릴 수도 있고 축구공, 시계, 호빵, 비눗방울 등 다양한 범주를 떠올릴 수도 있다. 유연성이 높은 사람은 후자다.

생각이 딱딱하지 않고 유연하다는 것은 어떤 것에 고착되어 있지 않고 이것저것을 부드럽게 연결시킬 수 있다는 뜻이다. 발산적 사고는 비선형적이고 수평적이며 방사형으로 뻗어나간다. 한쪽으로만 뻗어나가는 것이 아니라 다방면으로 뻗어나가는 것이 중요하다.

예를 들어 새로운 우산을 만든다고 가정해 보자. '우산은 우산이지' 이렇게 생각하고 마는 사람은 새로운 아이디어를 떠올릴 수 없다. 사고가 유연한 사람은 비옷과 우산을 연결시켜 비옷 우산, 모자와 우산을 연결시켜 모자 우산, 이런 식으로 발상을 계속 확장해 나간다. 하늘 아래 완전히 새로운 것은 없다. 기존에 있던 아이디어들을 연결시키고 비트는 유연함이 있어야 새로운 아이디어를 도출할 수 있다.

유연성에 관해 사람들이 오해하는 한 가지가 있다. 시간의 압박이 클수록, 예를 들면 마감이 임박할수록 아이디어가 잘 나온다고 생각하는 것이다. 마감 직전에 초인적인 힘으로 아이디어를 짜내 작업을 마무리한 경험에서 온 잘못된 믿음이다. 학자들의 연구에 따르면 시간 압박을 받으면 생산성은 높아질 수 있지만 조급한 마음에 시야가 더 좁아지기 때문에 유연한 사고를 하기 어렵다고 한다. 창의적으로 사고하기 어렵다는 뜻이다.

그런 관점에서 보면 회사나 조직에서 빈번하게 행해지는 '비상 대책 회의'만큼 아이러니한 것이 없다. 짧은 시간 안에 새로운 아이디어를 내야 하기에 그 어느 때보다 창의적인 사고가 요구되는 상황이지만 시간적 압박 때문에 오히려 유연한 사고는 막히기 쉽다. 그런 상황에서 신선한 아이디어를 내는 것은 불가능에 가깝다. 이전에 했던 것을 반복하거나 다른 곳에서 하고 있는 것을 마치 아이디어인 양 가져올 수는 있지만 새로운 발상을 떠올리기는 어렵다. 이 역시 아이디어의 속성을 몰라서 생기는 일이다.

기초 체력 4
....
정교성
....

　독창성, 유창성, 유연성은 발산적 사고의 특징이다. 반면에 정교성은 수렴적 사고다. 창의적 사고는 단순히 발산적 사고만 의미하지 않는다. 발산과 수렴을 오가면서 발전되어 가는 추상적 사고이다. 그럼에도 발산적 사고를 강조하는 이유가 있다. 수렴적 사고는 지금까지 많은 훈련을 받아서 익숙한 반면 발산적 사고는 특별히 배우거나 훈련받지 않아서 낯설기 때문이다.

　초기의 아이디어들은 언뜻 보면 다 비슷비슷해 보인다. 그런데 정교하게 다듬다 보면 뭐가 부족하고 뭐가 더 필요한지 보인다. 그 상태에서 아이디어를 발전시키려면 다시 발산적 사고를 해야 한다. 발산적 사고로 새로운 아이디어를 덧붙이고 정교화하면

창의적 아이디어를 도출하는 과정

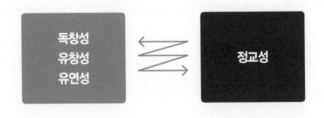

서 문제를 발견하는 식으로 발산과 수렴을 왔다 갔다 반복하는 것이다. 그러다 보면 어느새 연약했던 아이디어도 점점 더 단단해진다. 그래서 정교화 과정은 반드시 필요하다. 물론 발산적 사고로 만들어낸 아이디어가 많아야 가능하다. 처음부터 정교화 작업을 할 수는 없다.

축구 선수는 공 차기만 연습하지 않는다. 체력 훈련은 기본이다. 체력이 담보되어야 축구를 잘할 수 있기 때문이다. 창의적 사고도 마찬가지다. 독창성, 유창성, 유연성, 정교성 이 4가지 기초 체력이 있어야 킬러 아이디어를 도출하는 순간까지 지치지 않고 나아갈 수 있다.

유쾌해지면
신선해진다

코넬 대학교의 심리학자 앨리스 아이젠Alise Isen 교수는 창의성에 관해 한 가지 흥미로운 실험 논문을 발표했다.

그는 실험 참가자들을 두 그룹으로 나눠서 한 그룹에게는 코미디 영화를 보여주고 또 다른 그룹에게는 수학 다큐멘터리를 보여준 뒤 창의성이 요구되는 문제를 풀게 했다. 그 결과 코미디 영화를 본 그룹은 75퍼센트 정도가 문제를 해결한 반면, 수학 다큐멘터리를 본 그룹은 20퍼센트 정도밖에 문제를 풀지 못했다. 코미디 영화로 긍정적 감정을 느낀 그룹이 수학 다큐멘터리로 중립적 감정을 느낀 그룹보다 3배 이상 높은 창의성을 발휘한 것이다.

창의적 에너지의 레벨을
높이는 방법

창의는 감정 상태와 아주 깊은 관계가 있다. 보통 프로페셔널하게 일한다고 하면 피도 눈물도 없이 아주 냉정하고 객관적인 상태에서 일하는 것을 생각하는데 아이디어를 내는 것은 좀 다르다. 아이디어는 감정과 굉장히 깊은 연관 관계가 있다. 웃음기 하나 없는 심각한 표정으로 "빨리 아이디어 한번 내봐!" 이렇게 다그쳐서는 아이디어가 잘 나오지 않는 이유다.

이렇게 심각한 상황에서 만약 누군가가 내라는 아이디어는 안 내고 해죽거리며 웃음만 날린다면 졸지에 비상식적인 사람이 될 것이다. 그런데 아이디어는 심각하고 경직된 상태에서 절대로 태어나지 않는다.

나는 아이디어 회의를 할 때 유쾌한 감정을 불러일으키기 위한 장치를 한 가지 고안했다. 얼굴에 밥풀 스티커를 붙이고 이야기하는 것이다. 생각만 해도 웃음이 나오는데, 진짜로 이렇게 붙이고 회의를 하면 박장대소하며 웃지 않을 수가 없다. 일단 한번 배꼽이 빠지도록 웃고 시작한다.

큰 소리로 즐겁게 웃는다는 것은 에너지 레벨이 굉장히 높은 상태라는 뜻이다. 이럴 때 아이디어가 훨씬 더 잘 나온다. 밥풀 스티커도 붙여보고 수박씨도 붙여보고 가발도 써보는 등 다양한 실험을 했다. 분명한 것은 웃음의 크기가 클수록 아이디어도 더 잘 나온다는 것이다.

또 집단적으로 회의를 할 때는 사람들의 감정 상태를 파악하는 이모션 닥터emotion doctor도 둔 적이 있다. 사람들이 너무 처져 있거나 심각한 분위기가 조성되면 "자! 우리 박수라도 한번 칩시다!"라고 외치거나 기지개를 켜게 해서 분위기를 바꾸게 하는 것이다.

엄청난 압박 속에서 심각한 표정으로 아이디어를 내는 상황이라면 일단 멈추자. 굳은 표정은 머리까지 굳게 만든다. 잠시 쉬었다가 다시 생각하는 게 더 낫다. 그래도 경직된 마음이 풀리지 않는다면 박수를 치면서 껄껄껄 억지로라도 웃자. 한바탕 크게 웃으면 에너지가 순환된다. 아이디어는 그렇게 높은 에너지 레벨 속에서 생명력을 가진다.

모든 사람은 창의성을 타고난다

흔히들 창의적인 사람은 따로 있다고 생각한다. 누군가는 창

굳은 표정은 머리까지 굳게 만든다. 창의적 사고를 해야 할 때는 특히 유쾌한 감정을 불러일으켜 에너지 레벨을 끌어올릴 필요가 있다.

조의 마법을 쉽게 부리는데 또 다른 누군가는 그렇지 않아 보여서 창의성을 타고나는 사람은 따로 있다고 생각한다. 그런데 사실 창의성은 모두가 타고난다. 무슨 헛소리냐 싶을 수 있다. '사람마다 눈에 띄게 차이가 나는데 그게 무슨 말인가' 싶을 것이다.

사람은 모두 다르게 태어난다. 그게 바로 창의적이라는 증거다. 창의성은 같지 않다는 데서 출발하는데, 사람은 모두 다르게 태어났으니 모든 사람은 창의적이다.

다만 우리는 오랫동안 정규 교육을 통해 사회화되면서 서로 비슷해지는 훈련을 받는다. 그러면서 내 생각이 원래 나의 생각인지, 사회에서 요구하는 생각인지 알 수 없는 채로 뒤섞인다. 게다가 규칙을 벗어나면 안 된다는 요구를 오랫동안 받으면서 자신도 모르게 알아서 규칙을 지키게 된다. 정형화된 생각을 내면화하게 되는 것이다.

너무나 오랫동안 이 창의 근육을 안 쓰다가 어느 날 갑자기 쓰려고 하면 '그래, 나는 안 되나 보다', '나는 역시 창의적이지 않아' 이렇게 생각하기 쉽다. 그런데 식물이 싹을 피우려면 물도 있어야 하고 햇빛과 바람도 필요하듯이 창의적 사고를 꽃피우는 데도 관리가 필요하다. 학습을 통해 갈고닦고 연마할 수 있다는 말이다.

기존의 방식대로 생각해서는 새로운 솔루션을 도출할 수 없다. 일상적으로 반복되는 업무를 수행하는 데 익숙해져 있다면 발산과 수렴을 능숙하게 오가는 연습부터 해보자. 시간이 필요할 뿐, 누구나 할 수 있다.

2부에서는 킬러 씽킹의 원칙들을 살펴볼 것이다. 이 원칙들은 소비자 중심의 킬러 아이디어를 도출할 수 있도록 창의적 사고의 방향을 잡아주는 역할을 한다. 새로운 아이디어로 사람들의 눈길을 끄는 데서 나아가 깊은 감동을 주려면 어떻게 해야 하는지 알게 될 것이다.

고객 가치를 창출하는
아이디어는 무엇이 다른가

| 킬러 씽킹의 3가지 원칙 |

Killer Thinking

라이프 스타일에서 벗어난 아이디어는 망상이다

창의적 아이디어 중에서 소비자의 마음을 사로잡는 킬러 아이디어는 무엇이 다를까?

소비자에게 새로운 솔루션을 제공해 변화를 일으키려면 지금 사람들이 어떻게 살아가고 있는지 라이프 스타일을 알아야 한다. 라이프 스타일은 우리말로 생활양식이다. 이는 가치관, 관심, 태도, 행동이 구체화된 것으로, 개인의 소비 행동은 그 사람이 속한 사회의 라이프 스타일을 반영한다. 그래서 소비자가 불편함을 느끼는 진짜 문제를 이해하고 예측하려면 사회 전반의 라이프 스타일을 이해하는 것이 무엇보다 중요하다.

쓸 만한 아이디어를
선별하는 기준

킬러 아이디어를 도출할 때는 발산적 사고를 통해 다양한 아이디어를 많이 만들고 그중에서 괜찮은 아이디어를 선별한다. 그다음 비즈니스로 구현될 콘셉트를 정리한다(킬러 아이디어를 도출하는 6단계는 4부에서 자세히 살펴보자). 콘셉트concept란 '공통con'과 '잡다cept'가 합쳐진 말로, 여러 아이디어를 공통으로 묶는 주된 생각을 가리킨다.

나는 비즈니스 콘셉트를 도출할 때 소비자의 라이프 스타일을 가장 중요한 기준으로 삼는다. 고객 가치를 창출하려면 다음의 3가지 원칙은 반드시 지켜야 한다.

1 | 현재의 라이프 스타일을 가장 잘 반영한 콘셉트는 무엇일까?

2 | 가장 빨리 구현 가능한 콘셉트는 무엇일까?

3 | 가장 공감이 가는 콘셉트는 무엇일까?

라이프 스타일은 트렌드를 통해서 읽을 수 있다. 트렌드는 빠르게 변화하기 때문에 지금의 흐름에서 딱 한발만큼 앞서는 게 중요하다.

아이디어를 선별할 때는 현재 트렌드를 정확하게 읽고, 되도록 빨리 구현할 수 있는 콘셉트를 우선적으로 살핀다. 공감을 불러일으켜야 하는 것은 물론이다. 공감이 가는 콘셉트는 설득에 많은 노력을 들이지 않아도 되기 때문에 그만큼 에너지를 아껴서 킬러 아이디어를 구체화하는 데 쓸 수 있다.

킬러 씽킹의 목표는
고객 가치를 창출하는 것

킬러 씽킹의 목표는 분명하다. 새로운 고객 가치를 창출하는 것이다. 그런데 평소에 하던 수렴적 사고에서 벗어나 생각을 자유롭게 발산하다 보면 자신도 모르게 이 사실을 잊는다. 소비자의 현실과 동떨어진 채 기존에 가지고 있던 생각을 바탕으로 상상의 나래를 뻗어나가는 것이다.

실제 라이프 스타일을 고려하지 않은 아이디어는 비즈니스의 관점으로 볼 때 망상일 뿐이다. 킬러 씽킹의 3가지 원칙은 그럴 때 방향을 바로잡아 준다.

원칙 1 | 소비자의 관점에서 질문하라

원칙 2 | 데이터가 두터울수록 인사이트는 예리해진다

원칙 3 | 발산적 사고로 생각을 확장하라

2부에서는 바로 이 3가지 원칙을 자세히 이야기할 것이다. 삼성전자, LG전자, 현대자동차 등 시장을 선도하는 기업들을 컨설팅하며 만들었던 아이디어들을 사례로 들었다. 창의적 솔루션을 제시하는 데서 나아가 고객을 감동시키는 아이디어는 무엇이 다른지 살펴보자.

원칙 1
소비자의 관점에서
질문하라

LG 유플러스와 함께 서비스 혁신 프로젝트를 개발했을 때의 일이다. 당시 고민은 모든 인터넷 경험이 스마트하게 바뀌고 있는 시대에도 여전히 소비자가 '방문 설치 과정'을 겪어야 하는 상황에서 출발했다.

인터넷 서비스를 신청한 가정에 기사가 방문해서 관련 장치를 설치하는 이 과정은 기업 입장에서는 서비스를 제공하기 위한 자연스러운 과정이지만, 고객 입장에서는 번거롭고 불편한 시간이다. 나는 이 같은 문제의식을 바탕으로 실제 방문 서비스 상황에서 고객의 경험을 분석하고 '불편한 점'이 무엇인지 연구했다.

그 결과, 어떤 고객들은 설치 기사가 빨리 나가주기를 바랐고 또 어떤 고객들은 설치 기사가 너무 빨리 나가서 실망했다. 대체 어느 장단에 맞춰야 할까?

이런 문제에 맞닥뜨리면 기업에서는 일반적으로 대규모 설문 조사를 진행한다. 설치 기사가 빨리 나가기를 바라는 고객이 더 많은지, 좀 더 머물기 바라는 고객이 많은지를 조사하고 어느 정도의 시간까지 수용할 수 있는지 수용도 조사를 한 뒤 분포도를 도출해 가장 높은 분포도를 보인 시간으로 서비스 시간을 정한다. 그러면 '서비스 시간을 몇 분 이내로 한다'와 같은 내부 방침이 마련되고 설치 기사들은 이 지침을 따르는 식이다. 이런 일은 비일비재하다. 이렇게 되면 고객은 고객대로 여전히 만족하지 못하고, 설치 기사들은 갑자기 달라진 규칙에 당황해 우왕좌왕한다.

어떻게 하면 소비자에게
통제권을 줄 수 있을까?

나는 이런 공급자 중심의 발상을 버리고 소비자 입장에서 문제를 풀어보기로 했다. 소비자가 불편해하는 것은 설치하는 데 얼마나 많은 시간이 걸리느냐의 표면적 문제가 아니었다. 낯선 사람이 자신의 집을 방문하는 것에 대한 불안과 불편함이었고, 그 불편함의 본질은 설치 기사의 행동을 자신이 통제할 수 없다는 데서 오는 것이었다.

문제가 달라지면 답도 달라진다. 그래서 문제를 제대로 정의하는 것이 답을 찾는 일보다 더 중요하다. 나는 '어떻게 설치 기사의 서비스 시간을 조정할까?'라는 문제를 '어떻게 하면 소비자가 통제권을 잃지 않도록 할 것인가?'로 새롭게 정의했다. 그리고 낯선 사람이 집을 방문했지만 여전히 소비자 자신이 상황을 통제하고 있다고 느끼게 만들기 위해 '기사의 행동을 예측할 수 있는 아이디어'를 냈다. 예를 들면 인터넷을 설치하는 데 드는 예상 소요 시간을 알려주는 것이다.

사람은 예측할 수 있으면 통제하고 있다고 느낀다. 언제 올지 모르는 버스를 막연히 기다릴 때와 몇 분 후에 버스가 도착한다는 사실을 알고 기다릴 때 사람이 느끼는 통제감이 완전히 다르다. 기다리는 행위는 똑같을지라도 버스가 언제 도착할지 예측하는 사람은 버스가 나의 통제하에 있다고 느낀다. 고급 레스토랑에 가면 메뉴판에 음식 종류가 버젓이 적혀 있는데도 셰프나 직원이 일일이 메뉴를 읊고 설명해 주는데, 이 역시 주도권이 손님들에게 있다는 것을 느끼게 하기 위함이다.

인터넷 설치 기사의 행동을 예측할 수 있는 또 다른 아이디어로, 집 안에서 설치 기사가 돌아다닐 영역을 포스트잇으로 미리

인터넷 설치 기사가 방문했을 때 소비자는 낯선 사람의 행동을 예측할 수 없다는 데서 불편함을 느꼈다. 그래서 소비자에게 통제권을 주기 위해 설치 기사가 돌아다닐 영역을 포스트잇으로 표시해 미리 알려주는 서비스를 제안했다.

알려주는 서비스도 제안했다. 포스트잇으로 표시한 영역 밖은 침범하지 않겠다는 것을 명확하게 인지시켜 주는 것이다. 이 역시 낯선 사람의 방문에 대한 소비자의 불안을 잠재우고 통제감을 주는 솔루션이다.

답을 찾고 싶게
만드는 질문

인터넷 설치 서비스 혁신 아이디어는 소비자가 불편해하는 진짜 문제를 포착해서 도출한 솔루션이다. 나는 이때 공급자가 아니라 소비자의 입장에서 생각했다. 그리고 질문을 던졌다. 소비자 입장에서 무엇이 불편할까? 어떤 문제를 해결하면 좋을까?

질문은 아이디어를 내는 가장 좋은 소스다. 많은 사람이 '나도 좋은 아이디어를 많이 내고 싶어. 그런데 생각만큼 아이디어가 잘 안 나와. 내 생각이 쭉쭉 뻗어나가지를 않아' 이런 하소연을 한다. 그럴 때 제일 간단하고 효과적인 방법 중 하나는 질문의 집을 짓는 것이다. 질문은 문제의 본질에 접근하는 동시에 구체적인 해결책을 찾도록 뇌를 세팅하는 가장 효과적인 도구다.

질문이란 무엇일까? 바탕 질(質)에 물을 문(問), 즉 알고자 하는 바를 얻기 위한 물음이다. 질문에는 호기심이 들어 있다. '호기심'

은 새롭고 기이한 것을 좋아하는 마음, 모르는 것을 알고 싶어 하는 마음이다. '왜 그렇지?', '왜 그럴까?' 하고 호기심이 일면 '궁금하다', '알고 싶다'라는 원초적인 감정이 생긴다. 질문은 이 감정을 건드리기 때문에 굉장히 강력한 내적 동기가 된다. 모르는 상태에서 아는 상태로 옮아가고픈 마음이 되는 것이다. 질문을 통해서 알고 싶다는 욕구가 일면 그게 동력이 되어서 계속 아이디어를 확장해 나갈 수 있다.

무엇을 알고
무엇을 모르는지 알다

질문의 또 다른 특징 중의 하나는 바로 꼬리에 꼬리를 문다는 것이다.

'원숭이 엉덩이는 왜 빨간 걸까? 빨간 것은 꼭 원숭이 엉덩이만 있을까? 또 뭐가 있지?'

어릴 때 부르던 노래처럼 질문을 끊임없이 하다 보면 커다란 질문의 집이 지어진다. 이렇게 꼬리에 꼬리를 물며 질문의 집을 지으면 그냥 생각을 하는 것보다 훨씬 더 수월하게 내 생각을 끄집어낼 수 있다. 질문은 머릿속에 들어 있던 생각을 밖으로 빠져나오게 한다.

책을 읽고 독서록을 정리할 때도 마찬가지다. 질문을 활용하면 훨씬 더 풍성한 독서록을 쓸 수 있다. 책 한 권을 읽고도 '새롭게 안 것은? 깨달은 것은? 느낀 것은? 새롭게 떠오른 아이디어는? 이해가 되는 부분은? 안 되는 부분은? 반성이 드는 부분은? 공감이 되는 부분은? 비판이 생기는 지점은?' 등등 질문을 하다 보면 내가 무슨 생각을 하는지 스스로 알아차릴 수가 있다. 독후감은 그런 생각의 과정을 글로 정리하는 활동이다. 생각이 먼저다. 글로 옮기는 것은 그다음이다. 그러지 않으면 줄거리를 요약하는 것 외에는 할 수 있는 게 없다.

묻고 답하는 문답법은 소크라테스의 교육으로도 유명하다. 질문을 던지고 답변을 하면 또 그 답변에 대해 질문을 하면서 스스로 생각할 수 있도록 돕는다. 이를 두고 산모가 아이를 낳도록 도와주는 것과 같다는 의미를 담아 '산파술'이라고도 한다. 문답법을 활용해 '양말'로 질문의 집을 지어보자.

"양말은 무엇을 하는 물건인가? 발을 보호하는 것이다. 그럼 발을 보호하는 것은 다 양말인가? 신발도 양말인가? 신발과 양말은 무슨 차이가 있는가? 왜 다른가? 어떻게 다른가?"

앞서 살펴봤던 발산적 사고의 방법이다. 이렇게 질문을 하면 내가 알고 있다고 생각하는 것들이 진짜로 알고 있는 게 맞는지, 무엇을 알고 있고 무엇을 모르는지 알 수 있다.

진짜 문제를 찾을 때까지
답을 내리지 마라

어떤 질문을 던지느냐도 중요하다.

"쉰 김치를 어떻게 활용하면 좋을까?"

이런 질문을 받으면 아마 머릿속에 김치찌개, 김칫국, 김치볶음밥, 김치만두 등 김치를 활용한 다양한 음식이 떠오를 것이다. 그런데 질문을 바꿔보자.

"어떻게 하면 김치를 쉬지 않게 할 수 있을까?"

'장독대에 담아둬야 하나? 더 낮은 온도에 둬야 하나?' 이런 생각이 들 것이다. 이러한 질문은 '김치 냉장고'를 탄생시켰다. 똑같은 김치 아이디어라도 "쉰 김치를 어떻게 활용하면 좋을까?"라고 질문할 때와 "어떻게 쉬지 않게 할까?"로 질문할 때 답이 완전히 달라지는 것이다. 그래서 진짜 문제를 찾을 때까지는 해답을 내리지 말고 질문을 계속 던져야 한다. 점프 투 솔루션Jump to Solution 하지 않는 것이다. 제대로 질문한 덕분에 좋은 솔루션을 도출한 사례를 보자.

OECD 국가 중 한국의 자살률은 1위다. 게다가 자살은 우리나라 청소년의 사망 원인 1위기도 하다. 꽃다운 인생들이 피지도 못하고 생을 접는다는 것은 참으로 안타까운 일이다. 그래서 서울시로부터 학교 공간을 혁신하는 프로젝트 의뢰가 들어왔을 때 묻지도 따지지도 않고 하겠다고 했다. 학교의 빈 교실을 활용해 스트레스를 해소하는 공간을 만드는 일명 '스트레스 프리 존Stress Free Zone' 프로젝트였다. 아이들에게 참 좋겠다는 생각에 공을 참 많이 들였다.

그런데 취지는 너무 좋았지만 전에 없던 새로운 공간을 만들어야 했기 때문에 콘셉트를 잡는 것부터 만만치 않았다. 그냥 편안히 쉬는 공간을 만들면 휴게 공간과 다를 바가 없고, 스트레스 해소하는 방법을 이것저것 늘어놓고 알려주는 공간으로 만들면 안 그래도 배울 게 산더미 같은 학생들에게 또 다른 부담을 안겨줄 수 있었다. 나는 질문을 던졌다.

'대체 어떤 콘셉트로 접근해야 스트레스를 없애고 또 스트레스 관리하는 법도 배우는 공간으로 만들 수 있을까? 공간이 어떻게 그런 행동까지 유도할 수 있을까?'

처음의 질문에서
빨리 빠져나와라

프로젝트를 의뢰받았을 때 처음의 질문은 '스트레스를 관리하는 공간은 어떠해야 하는가?'였다. 하지만 고민을 깊이 할수록 다른 질문들이 꼬리에 꼬리를 물고 이어졌다.

'대체 스트레스라는 것은 무엇인가? 스트레스를 어떻게 해소할 수 있을까? 스트레스가 해소되었다는 것은 어떻게 알아차릴 수 있을까? 학교라는 공간에서 아이들은 어떤 기분을 느낄까?'

이에 대한 답을 찾기 위해서 논문도 찾고, 전문가도 만나고, 상담 선생님도 만나고 아이들도 만나면서 데이터를 쌓았다. 그랬더니 실마리가 잡혔다. 스트레스는 결국 외부의 자극에 내가 어떻게 반응하느냐의 문제다. 음악을 듣고 잠을 자고 맛있는 음식을 먹는 등 스트레스를 해소하는 다양한 방법이 있지만, 그 핵심은 내가 외부 자극이나 환경을 바꿀 수 없으니 내 인식을 바꾸는 것이다. 즉 '스트레스 프리'의 핵심은 스트레스의 원인을 제거하거나 회피하는 것이 아니라 스트레스에 대응하는 '주체의 변화'다. 따라서 스트레스 프리 존은 나를 변화시켜서 스트레스를 관리하는 공간이 되어야 했다.

어떤 향을 맡는 게 스트레스에 좋다고 해서 무작정 그 향을 맡게 하는 것은 또 다른 스트레스의 원인이 될 수 있다. 나한테 맞는 향을 찾아 나의 상태와 감각을 깨우고 스스로 변했다는 사실을 알아차릴 수 있도록 경험을 설계하는 게 중요한 것이다.

이제 나의 질문은 '스트레스 프리 존에서 어떻게 자신의 변화를 알아차리게 할 것인가?'로 바뀌었다. 나는 간단한 질문을 통해 스스로 스트레스 정도를 파악할 수 있는 장치를 설치했다. 그리고 스트레스를 관리하는 9가지 방법을 알려주고, 직접 체험하며 자

스트레스 프리 존은 스스로 스트레스의 정도를 파악하고 해소하는 방법을 체험하는 공간으로 완성되었다. '스트레스를 관리하는 공간은 어떤 모습일까'에서 '어떻게 자신의 상태를 알아차리게 할 것인가'로 질문을 바꾼 결과다.

신에게 맞는 방법들을 찾을 수 있게 공간을 설계했다. 마지막으로 스트레스 레벨이 어떻게 달라졌는지 확인할 수 있도록 만들었다. 학교에 남아도는 빈 교실을 멋지게 재탄생시킨 것이다.

우리가 처음에 하는 질문은 주제에 가깝다. 예를 들어 '미래의 TV는 어떤 모습일까? 사람들은 어떤 가방을 좋아할까? 새로운 아파트를 만든다면 어떤 모습일까?' 이런 식으로 커다란 주제를 던지는 것이다. 추상적인 주제이기 때문에 이런 질문에는 구체적인 답이 나올 수 없다. 꼬리에 꼬리를 물며 질문을 확장시켜야 다양한 관점에서 구체적인 답을 얻을 수 있다.

그런데 처음의 질문만 붙잡고 끙끙 앓는 경우가 많다. 출발점에서 나아가지 못하고 비슷비슷한 질문만 던지다가 성급하게 솔루션을 내리는 것이다. 고객의 문제를 제대로 파악하지도 못하고 추상적인 주제에서 답을 급하게 뽑아내는 것이니 좋은 아이디어가 나올 리 없다. 처음의 질문에서 빨리 빠져나와야 한다. 하나의 질문을 디딤돌 삼아 다른 질문을 던지면서 생각을 확장시켜야 한다. 소비자의 입장에서 진짜 문제를 찾을 때도, 문제를 해결할 솔루션을 찾을 때도 마찬가지다.

원칙 2
데이터가 두꺼울수록
인사이트는 예리해진다

　아이디어를 낼 때는 그 주제에 대해서 잘 알고 있다고 생각할지라도 내가 아는 것이 진짜인지 의심해 볼 필요가 있다. 내가 제대로 알고 있는지, 놓치고 있는 것은 없는지 의심하며 자료를 모으고, 기존에 내가 알던 것에 깊이를 더하고 폭을 넓혀야 한다.

　무엇인가를 안다고 할 때 우리는 그저 이름만 피상적으로 아는 경우도 많다. 누군가의 이름을 안다고 해서 그 사람을 아는 것이 아니듯, 어떤 사물의 이름을 안다고 해서 내가 그것을 알고 있다고 자만해서는 안 된다. 특히 소비자 중심의 혁신을 원한다면 소비자가 있는 세상에 직접 뛰어들어 소비자가 세계를 이해하는 방식을 제대로 알아야 한다. 제품을 어떻게 쓰는지, 어떤 편견이 있는지, 어떤 것을 원하는지, 무엇을 문제라고 여기는지, 어떤 경로로 의사결정을 하는지와 같은 선택부터 사용, 폐기에 이르는 일련의 소비자 경험 여정을 파악함으로써 소비자가 이해하는 세상을 알아야 한다.

진짜 문제를 보여주는
두터운 데이터

나는 소비자를 이해하기 위해 인풋을 쌓는 것을 두꺼운 데이터 Thick Data를 쌓는다고 표현한다. 데이터 중에서 가장 중요한 데이터는 고객 경험 데이터다. 두꺼운 데이터의 반대는 얄팍한 데이터 Thin Data다. 단 한 번의 설문 조사로 고객을 알 수 없고, 단 한 줄의 기사로 트렌드를 알 수 없다.

그런데 아이디어를 낼 때 이런 기사 한 줄, 설문 한 번으로 문제를 정의하고 답을 찾으려는 경우도 생각보다 많다. 이유는 하나다. 문제를 깊이 고민할 시간이 부족하다는 것. 그런데 제대로 인풋을 쌓지 않으면 진짜 문제를 놓치고 가짜 문제에 매달려 시간을 낭비하고 자원을 분산시킬 확률이 매우 크다.

차를 사고 버리는
전 과정을 관찰하다

현대자동차에서 프로젝트를 의뢰받은 적이 있다. 현대자동차에서는 자동차가 아니라 자동차 서비스를 혁신하고 싶다고 했다. 마케팅과 세일즈 중심의 TF를 구성하고 '판매' 시 매력적으로 보일 만한 서비스를 도출해 달라고 요청했다.

서비스란 무엇인가? 서비스는 제품을 제외한 모든 것으로, 그 범위가 매우 넓다. 공급자 입장에서 '서비스'지만 소비자 입장에서는 '경험'이다. 어떻게 '구매 경험'만으로 서비스를 혁신할 수 있겠는가? 그래서 나는 소비자가 자동차를 탐색하고 구매하고 사용하고 폐기하는 일련의 절차를 다 살펴보자고 제안했다.

회사에서 고객을 만나는 방법은 설문조사Survey나 표적집단 인터뷰FGI, Focus Group Interview가 가장 보편적이다. 그런데 나는 두꺼운 데이터를 쌓기 위해서 소비자의 생활환경 안에서 소비자의 행동과 사고를 관찰하고 인터뷰하는 에스노그래피Ethnography 방식으로 접근했다.

에스노그래피는 문화인류학에서 활용하는 방법으로 '민속지학'이라고도 불린다. 특정 부족이나 문화 집단 내 사고, 행동, 규범, 습관 등을 파악하는 것인데 짧게는 몇 개월, 길게는 몇 년씩 함께 생활하며 관찰하는 방법이다.

이러한 방법을 토대로 현장에 참여했다. 신차를 구매한 고객과 함께 신차를 받아오고, AS 센터에 함께 가서 현장도 살펴보고 AS 명장도 만나며 판매점에서 소비자의 행동을 관찰했다. 이를 통해 소비자들이 어떤 맥락에서 무엇을 말하고 생각하는지 파악했다.

소비자의 유형은 매우 다양했다. 외제차를 타다가 현대자동차로 넘어온 고객, 현대자동차를 타다가 외제차를 타는 고객, 계속해서 현대차만 고집하는 고객 등 다양한 고객을 개별적으로 만나서 직접 꾸며놓은 차도 보고, 경험 여정을 그려보게도 하고, 자신의 감정을 나타내는 형용사를 고르는 액티비티까지 하며 몇 시간씩 인터뷰를 진행하기도 했다.

현대차를 타다가 외제차로 넘어간 고객들의 인터뷰를 하는 와중에 재미있는 일도 있었다. 폭스바겐의 비틀을 모는 40대 중년 남성을 인터뷰했는데, 자신의 차를 '하비(하얀색 비틀)'라는 애칭으로 부르는 사람이었다. 그런데 회사에서는 대한민국에 이런 남성이 몇이나 되겠냐며 다른 인터뷰이를 뽑아달라고 요청했다.

나는 인터뷰를 그대로 진행했다. 소비자의 특수성은 예외적인 사례가 아니라 오히려 일반적인 니즈를 명확하게 실천하는 측면으로 해석해야 된다. 차를 소통 가능한 인격체로 인식하고 애착을 느끼는 것은 정도의 차이만 있을 뿐 보편적인 니즈다. 소비자들이 차에 애착을 느낄 때 구매 만족도가 올라갈 수 있으니 오히려 애착을 표현할 장치를 만드는 아이디어로 발전시킬 수도 있는 데이터였다.

왜 AS를 받기 전부터
스트레스를 받을까?

이처럼 에스노그래피로 두꺼운 데이터를 쌓으면 늘 생각지도 못했던 발견을 하게 된다. 설문조사는 질문을 만든 설계자의 선택지에서 답을 고르기 때문에 새로운 사실을 발견하기보다는 가설을 검증하는 것에 가깝다. 그런데 에스노그래피는 가설을 가지고 제한된 눈으로 바라보는 것이 아니라 어떠한 가설도 배제하기 때문에 우리가 몰랐던 사실들을 '발견'할 수 있다.

현대자동차 서비스 아이디어를 도출할 때도 그랬다. 자동차를 둘러싼 경험에서 소비자가 가장 낮은 감정 레벨을 보이는 경험(가장 만족도가 낮은 경험)은 AS였다. 그런데 흥미롭게도 감정 레벨은 AS를 받으러 간 다음이 아니라 AS를 받으러 가기 전부터 떨어지는 모습을 보였다. AS를 받으러 가서 얼마나 목소리를 높이며 문제를 따지고 들어야 하는지 걱정하며 스트레스를 받았던 것이다.

나는 이 부분에 대한 서비스를 대폭 강화할 것을 제안했다. 그래서 나온 아이디어가 바로 '홈 투 홈Home to Home 서비스'다. 직접

고객을 찾아가는 홈 투 홈 서비스, 문제를 미리 점검해 주는 비포 서비스 등은 현대자동차의 혁신 서비스로 실행되었다.

정비업체를 방문하기 어려운 고객들을 위해 고객이 원하는 시간에 원하는 장소에서 차량을 인수하고 수리한 다음 차를 보내주는 새로운 서비스였다.

'애프터 서비스AS, After Service'를 뒤집은 '비포 서비스BS, Before Service' 아이디어도 제안했다. 차에 문제가 생긴 다음에 서비스 센터를 찾아가 수리하는 것이 아니라 문제가 생기기 전에 미리 점검해 주는 서비스다.

이 아이디어들은 1년여의 검토와 실무 부서들 간의 조율을 거쳐 세상에 공개되었다. 당시 현대자동차는 'New Thinking. New Possibilities'라는 새로운 슬로건을 내걸고 혁신을 강조했는데 내가 제안했던 서비스 아이디어들이 혁신의 구체적인 증거로 소비자들에게 소개되었다.

문제가 다르면 당연히 답도 달라진다. 우리는 답을 찾는 것에 익숙하지만 문제를 찾는 것에는 익숙하지 않다. 왜냐하면 학교 밖으로 나오기 전까지 문제는 늘 주어졌기 때문이다. 학교에서 우리는 정답을 빠르고 정확하게 찾는 훈련만 받았다. 그런데 학교 밖 세상에서는 문제가 주어지지 않는다.

문제가 복잡다단하기 때문에 쉬이 눈에 보이지도 않는다. 하지만 두꺼운 데이터들을 쌓다 보면 문제가 드러난다. 처음 설정한 문제가 진짜 우리가 풀어야 할 문제인지 아닌지도 알려주고, 새로운 문제를 제시하기도 한다.

얄팍한 데이터에서 문제를 뽑아내 아이디어를 찾아 헤매는 점 프 투 솔루션을 피하자. 노력은 노력대로 하면서 아쉬운 결과만 낼 가능성이 크다. 시간과 자원은 한정되어 있다. 두꺼운 데이터 를 바탕으로 처음부터 제대로 된 문제를 찾아야 한다. 데이터가 두꺼울수록 인사이트는 예리해진다.

원칙 3

발산적 사고로
생각을 확장하라

나는 LG전자로부터 새로운 가전제품 아이디어를 의뢰받고 깊은 고민에 빠졌다. 당시 내가 해결해야 할 문제는 '공기청정기, 제습기, 가습기, 선풍기, 서큘레이터, 에어컨 등 집 안 곳곳에 두는 가전제품이 점점 늘어나는 상황에서 어떻게 하면 좀 더 스마트한 가전제품을 만들 수 있을까?'였다.

나는 소비자들이 에어컨을 이용할 때 찬 바람을 더 멀리 보내기 위해서 서큘레이터를 동시에 켠다는 것을 파악했다. 그리고 다음과 같이 질문을 던졌다.

'공기청정기의 깨끗한 공기도 서큘레이터를 통해 더 멀리 가도록 하면 어떨까?'

사각형이던 공기청정기를
원형으로 만든 이유

나는 서큘레이터와 공기청정기를 합친 새로운 가전제품을 상상했다. 단순히 두 제품을 합치기만 한 것은 아니다. 합치는 동시에 여러 가지를 바꿔야 했다. 기존의 공기청정기는 대체로 집 안의 한쪽 구석에 놓였고 네모난 모양이었다. 공기청정기뿐만 아니라 일반적으로 가전제품들은 거의 다 사각형으로 만들어진다. 효율적이기 때문이다. 사각형으로 만들면 재료비가 가장 적게 들고 운반할 때도 한꺼번에 많은 양을 쌓을 수 있어서 유용하다. 네모는 효율의 상징이다.

그런데 공기청정기와 서큘레이터를 합친 제품을 만들어 집 안 곳곳으로 깨끗한 공기를 이동시키려면 제품을 한쪽 구석이 아니라 거실 한가운데 놓아야 했다. 그 경우 사각형보다 원형이 더 어울렸다. 게다가 원형은 쌓기도 쉽다. 공기 관련한 제품들을 원형으로 디자인해서 쌓아 올릴 수 있게 한다면 소비자들은 기존 제품과 결합할 수 있어서 좋고, 회사 입장에는 여러 제품을 제각각 디

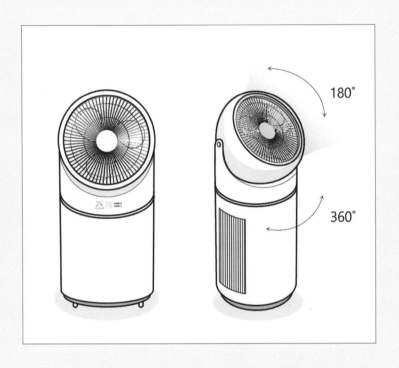

"어떻게 하면 더 멀리 깨끗한 공기를 보낼 수 있을까"라는 질문에서 탄생한 원형 공기청정기 아이디어. 집 안 곳곳으로 깨끗한 공기를 이동시키려면 제품을 거실 한가운데 놓아야 했다. 그 경우 사각형보다 원형이 더 어울렸다.

자인하고 개발하는 수고로움을 덜어서 좋다. BMW나 벤츠 같은 자동차의 경우 앞쪽의 그릴 모양만 봐도 브랜드를 알아볼 수 있는 것처럼, 공기청정기를 원형으로 만들면 네모 일색인 가전제품들 사이에서 모양만 보고도 LG전자 제품이라는 사실을 알 수 있어 브랜딩 효과도 생길 거라 생각했다.

모듈 방식으로
쌓아 올리는 아이디어

일반적으로 집의 크기에 따라 공기청정기의 사이즈도 달라진다. 공간의 크기에 맞춰서 공기청정기를 구매해야 하는 것이다. 당연하다고 생각할 수도 있지만, 사실 소비자 입장에서는 불편한 점이 한두 개가 아니다. 이사를 가면 새로 사야 할 수도 있고, 여러 개의 가전들 사이에 커다란 공기청정기를 또 들여놓는다는 게 부담스러울 수 있다.

그런데 모듈을 쌓아 올리는 방식으로 만들면 공간의 크기에 구애받지 않는다. 집이 작으면 한 단, 크면 두 단 이렇게 모듈을 쌓아서 세기를 조절하는 것이다. 나는 서큘레이터와 공기청정기뿐만 아니라 에어워서, 제습기 등도 함께 쌓을 수 있게 만들자고 제안했다. 각각을 분리해서 개별적으로도 쓸 수 있게 하자는 아이디

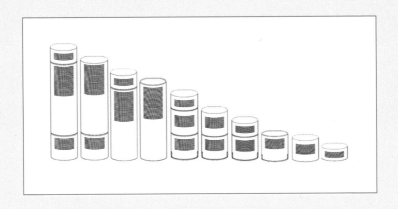

여러 개의 모듈을 쌓아 올리는 방식으로 공기청정기를 만들면 모듈의 개수만으로 세기를 조절할 수 있다. 그뿐만 아니라 서큘레이터, 제습기 등의 다른 기능도 추가할 수 있다.

어도 제시했지만 이는 현실화되지 않았다. 소비자 입장에서는 매우 매력적이지만 제조사는 생산원가와 같은 조건을 고려해야 하기 때문에 적절한 타협점을 찾아야 했다. 이후 이 제품은 'LG퓨리케어 360° 공기청정기'라는 상품으로 출시되어 엄청난 인기를 끌었다.

생각의 디딤돌을 놓는
아이디어 엔진

빠르게 변화하는 소비자들의 라이프 스타일에 맞춰 새로운 솔루션을 제공하려면 일상의 반복적 사고에서 벗어나 생각을 확장시킬 수 있어야 한다. 창의적 아이디어를 내는 뇌로 사고방식을 바꾸는 것이다. 아인슈타인은 "매번 똑같은 행동을 반복하면서 다른 결과를 기대하는 것은 미친 짓이다"라고 했다. 다른 생각을 한다는 것은 평소와는 다른 '방식'으로 생각해야 한다는 뜻이다. 뒤집어서 생각할 수도 있고, 극단적으로 넓혀서 생각할 수도 있고, 좁혀서 생각할 수도 있고, 순서를 바꿔볼 수도 있고, 이름을 바꿔볼 수도 있다. 중요한 것은 생각을 바꾸는 것이 아니라 생각하는 방식을 바꾸는 것이다.

머리로는 이해가 된다. 그런데 막상 하려면 쉽지가 않다. 그나

LG 퓨리케어 360° 공기청정기. 에어컨을 이용하는 소비자들이 찬바람을 멀리 보내려고 서큘레이터를 동시에 켜는 모습에서 고객 가치를 발견한 아이디어다.

마 누군가가 옆에서 이렇게 해봐라, 저렇게 해봐라 읊어주면 할 만한데 혼자서 생각하는 방식을 바꾼다는 것은 여간해서는 쉽지 않다. 그래서 나는 손쉽게 아이디어를 낼 수 있는 13가지 방법을 정리해 '아이디어 엔진'으로 만들었다. 화학 에너지를 운동 에너지로 바꿔주는 엔진처럼, 잡다한 생각을 킬러 아이디어로 바꿔주는 도구다.

무슨 일이든 높은 성과를 내려면 체계적으로 단계를 밟으며 성장해야 한다. 단계를 뛰어넘어 곧바로 결과물을 내는 일은 잘 일어나지 않는다. 생각도 마찬가지다. 창의적으로 사고하려면 차근차근 단계를 밟아야 한다. 그런데 겉으로 보기에 창의적인 사람들은 마치 한 번에 생각을 점프한 것처럼 보인다. 사실 그들 역시 머릿속을 들여다보면 생각이 여러 단계를 밟아서 이동한 것인데, 생각의 공간이 무진장 넓어서 점프한 것처럼 보이는 것뿐이다.

창의적으로 생각하는 데 아직 능숙하지 않다면 생각을 쪼개서 단계별로 조금씩 이동시켜 보자. 생각의 디딤돌을 밟고 나아가며 틀 안에 갇힌 사고방식을 벗어나는 것이다. 아이디어 엔진은 바로 이 디딤돌을 놔주는 도구다. 3부에서 자세히 살펴보자.

아이디어 엔진으로
고객의 기대를 뛰어넘어라

| 킬러 씽킹을 위한 생각 도구 13가지 |

3부

Killer Thinking

고정관념이라는
연료를 이용하자

어떻게 하면 생각의 틀 밖으로 나갈 수 있을까? 맨손으로는 못을 박지 못하지만 망치라는 도구가 있으면 쉽게 못을 박을 수 있는 것처럼, 창의적 생각도 도구를 활용하면 쉽다. 3부에서는 킬러 씽킹을 위한 창의적 사고의 도구로서 아이디어 엔진 13가지를 소개한다.

13가지 엔진의 기본 원리는 같다. 첫째, 대상에 대한 고정관념을 나열하며 속성을 파악하고, 둘째, 이를 뒤틀어 새로운 아이디어를 만드는 것이다. 새로운 생각을 도출하려면 내가 무슨 생각을 하고 있는지 알아야 한다. 기존의 내 생각, 즉 고정관념이 무엇인지 알아차리고 다르게 시도해 보는 것이다. 내가 어떤 방향으로 생각의 방향을 틀지 알아야 한다. 늘 내가 하는 생각을 알아차리려고 노력하고 깨어 있는 것, 즉 마인드풀니스Mindfulness가 중요하다.

내 생각을 알아차리면 기존에 하던 생각을 멈추고 새로운 생각을 할 수 있다. 창의적인 사람은 내가 지금 무슨 생각을 하는지, 내 마음이 어떤지 잘 알아차린다. 그 생각을 반박하고 확장하고 축소하면서 틀 안에 있던 생각을 틀 밖으로 뻗어나가는 것이 창의다. 자신이 무엇을 한계 짓는지 알아야 한계를 뛰어넘을 것 아닌가? 아이디어 엔진은 내 생각, 즉 고정관념을 알아차리고 이를 디딤돌 삼아 창의적으로 사고하도록 도와준다.

이 생각 도구는 4부에서 살펴볼 '킬러 아이디어를 도출하는 6단계'에도 적용된다. 소비자의 실질적인 문제를 해결할 방법을 도출하는 작업이다. 소비자의 마음을 사로잡으려면 소비자의 기대를 뛰어넘어야 한다. 미처 예상하지 못한 새로운 솔루션으로 감동을 줘야 하는 것이다. 반복적 사고로는 결코 새로운 답을 찾을 수 없다. 지금부터 소개할 13개의 아이디어 엔진을 통해 뇌를 유연하게 하자. 식상한 고정관념이 재미있는 아이디어로 재탄생하는 경험을 하게 될 것이다.

경계를 파괴하는 '아니다'의 힘

뒤집기

상상을 한번 해보자. 나는 잘나가는 광고 감독인데, 이번에 항공사로부터 광고를 의뢰받았다. 햇빛 쨍쨍한 바다로 여행을 떠나라는 메시지를 전달하고 싶다. 어떻게 하면 멋진 광고를 만들 수 있을까?

필리핀의 세부퍼시픽 항공사는 장마철을 맞이한 홍콩 사람들에게 햇빛 쨍쨍한 하늘을 볼 수 있는 세부로 놀러오라는 메시지를 담아 광고를 만들기로 했다. 햇볕은 쨍쨍, 모래알은 반짝, 뜨거운 빛이 내리쬐는 하얀 백사장 광고가 좋을까? 아니면 태양 아래서 선탠하는 사람들을 담은 광고가 좋을까?

눈부신 태양 대신
쏟아져 내리는 비를!

세부퍼시픽은 놀랍게도 태양 가득한 필리핀 날씨를 광고하기 위해 비를 이용했다. 맑은 날에는 보이지 않지만 비만 오면 광고를 볼 수 있는 특수 광고판을 만든 것이다. 그것도 길바닥에 말이다. 어떻게 이런 일이 가능할까? 비밀은 바로 방수 스프레이였다. 광고 문구 자리에만 방수 스프레이를 뿌려서 비가 내리면 문구가 보이게 만든 것이다.

"It's sunny in the Philippines(필리핀은 쨍쨍해요)."

바닥에 있는 QR코드를 스마트폰으로 찍으면 필리핀 여행지 정보와 항공권 정보가 뜨게 만들었다. 이 광고로 세부퍼시픽 항공 예약자는 37퍼센트나 늘었다. 보통 '맑은 여름날' 하면 햇볕, 모래, 선글라스를 떠올리게 마련이다. 그런데 세부퍼시픽은 오히려 생각을 뒤집어 비를 활용했다. 덕분에 아주 참신한 광고가 탄생한 것이다.

뒤집기는 새로운 생각을 떠올리는 가장 쉬우면서도 기초적인 방법이다. 비즈니스, 문학, 예술 전반에서 활용하는 가장 범용적

광고 문구 자리에만 방수 스프레이를 뿌려서 비가 내리면 문구가 보이게 만들었다. 이 광고로 세부퍼시픽 항공 예약자는 37퍼센트나 늘었다.

이고 강력한 방법 중 하나다. 동명의 소설을 원작으로 만든 영화 「벤자민 버튼의 시간은 거꾸로 간다」도 그렇다. 나이를 먹을수록 점점 더 늙어지는 것이 아니라 처음부터 노인으로 태어나서 나이를 먹을수록 점점 더 어려지는 이야기다. 보통 창의적인 콘텐츠라고 하면 엄청난 스토리, 다채로운 이벤트 같은 것들을 생각하지만 이렇게 시간이라는 개념 하나만 뒤집어도 신선한 이야기가 된다.

그래서 우리는 아이디어 회의할 때 다음과 같은 말들을 흔히 듣는다.

"생각을 뒤집어 봐."

"발상을 전환해 봐."

그런데 대체 어떻게 해야 아이디어를 뒤집을 수 있을까? 뒤집는다는 것은 어떤 의미일까?

검은색을 부정하면
흰색, 노란색이 보인다

뒤집기는 '아니다' 하고 부정함으로써 변화를 주는 방법이다. 어떤 제품이나 서비스 아이디어를 내는 대상에 경계를 지우고 해방시키는 것이다. 흔히들 뒤집으라고 하면 반대말을 생각한다. '검은색'의 반대는 '흰색', '있다'의 반대는 '없다' 이런 식이다. 그런데 검은색을 반대하는 게 아니라 부정하면, 즉 '검은색이 아니다'라고 하면 검은색의 경계 바깥에 있는 흰색, 노란색, 빨간색, 일곱 빛깔 무지개 색, 반짝거리는 색, 보였다가 안 보였다가 하는 색깔까지 모든 것이 가능성으로 열린다.

LG전자의 시그니처 UX인 '노크 온Knock On' 아이디어를 개발할 때도 이 원리를 적용했다. LG전자에서 스마트폰의 경쟁력을 높이기 위해 감성 UX 개발 프로젝트를 의뢰했다. 그 당시 삼성전자의 갤럭시 노트 제품이 선풍적인 인기를 끌고 있던 터라 LG전자의 스마트폰 시장 입지는 계속 줄어들고 있었다. 갤럭시 노트는 매우 이성적인 제품이므로 이를 상대할 만한 UX 콘셉트로 '감성'이라는 주제를 잡은, 매우 바람직한 접근이었다.

나는 스마트폰 잠금 화면 해제 방식에 주목했다. 왜 우리는 잠금 화면을 해제할 때 꼭 패턴이나 패스워드를 입력해야 할까? 나는 이 고정관념을 뒤집고 패턴, 패스워드라는 '정보 입력하기' 방식을 부정했다. 그러자 '쓰다듬기', '건드리기', '바라보기', '말하기' 등의 가능성이 열렸다.

뒤집기를 통해 생각을 확장하고 UX 콘셉트였던 감성에 관한 다양한 자료를 수집하며 연구한 끝에 '노크하면 화면이 열리는 휴대폰'이라는 아이디어를 도출했다. 문을 열 때 똑똑 두드리듯이 잠금 화면을 노크해 모바일 세상으로 들어가는 것이다.

고정관념 : 패턴, 패스워드 등 정보를 입력하기

뒤집기 : 쓰다듬기, 건드리기, 바라보기, 말하기 등

아이디어 : 노크하면 잠금 해제되는 UX

생각의 경계를 파괴하면
경계 밖으로 나갈 수 있다

노크 온은 익숙한 행동에 새로운 의미를 부여한 아이디어다. 똑똑 두드리는 행동은 이미 우리가 자주 하는 행동이다. 수박을 고를 때도 똑똑 두드리고 누군가를 등 뒤에서 부를 때도 어깨나 등을 똑똑 두드린다. 똑똑 두드린 결과 잘 익은 수박을 골라내고 뒤돌아 서 있던 사람과 마주 보게 되는 것처럼, 휴대폰 화면을 노크해 모바일 세상으로 들어가는 이 아이디어는 우리의 행동과 반응을 자연스럽게 연결해 준다.

노크 온 아이디어는 단숨에 LG전자의 독특한 UX로 자리 잡았다. 노크 온이 편해서 LG 스마트폰을 쓴다는 후기가 나올 만큼 영향력 있는 UX가 되었다. 그래서 노크 온 아이디어는 LG전자가 스마트폰 사업을 접은 뒤에도 냉장고 문을 두드려서 안을 들여다보

기존의 잠금 화면 해제 방식을 파괴해서 도출한 '노크 온' 아이디어를
적용해 LG 노크 온 매직스페이스 냉장고가 탄생했다. 문을 똑똑 두드
리면 냉장고 문을 열지 않고도 안을 들여다볼 수 있다.

는 등 다른 전자제품에 적용되면서 LG전자의 시그니처 UX로 자리 잡았다.

창의적으로 생각한다는 건 생각의 폭을 넓히는 작업이다. 뒤집기 엔진을 이용해 고정관념을 부정하면 고정관념의 바깥에 있는 모든 것이 가능성으로 열리면서 생각을 확장시킬 수 있다. 앞서 소개한 현대자동차의 비포 서비스도 애프터 서비스를 뒤집은 것이다. 생각이 막힐 때 이 방법은 특히 효과적이다. 여러 가지 고정관념을 나열하고 부정하다 보면 '왜 내가 이게 안 된다고 생각하고 있었지?', '왜 내가 이걸 당연하다고 생각하고 있었지?' 하는 지점을 발견할 수 있다.

인도의
맥도날드식 안과

연결하기

2020년 우리나라에서 세계 최초로 드라이브스루drive-through 코
로나 검사소가 생기면서 세계인들의 주목을 받았다. 차를 주차하
지 않고 차 안에 탄 채로 제품이나 서비스를 전달받는 드라이브스
루는 보통 패스트푸드점이나 카페에서 활용하는데, 이를 코로나
검사소에 연결해 눈길을 끈 것이다.

미국 라스베이거스에는 요금소를 지나가듯 웨딩카를 타고 터
널을 지나는 것만으로도 결혼이 성사되는 드라이브스루 웨딩도
있다. 왠지 정적이고 굉장히 엄숙하게 느껴지는 결혼을 드라이브

스루와 연결시켜 새로운 문화를 만든 것이다. 둘 다 드라이브스루에 전혀 다른 무언가를 결합해 재미난 아이디어를 만든 사례다.

흔히들 "창의는 연결이다"라고 한다. 스티브 잡스도 점들을 연결하면 생각지 못한 일들이 벌어진다고 강조했다. 하지만 막연하게 느껴지는 것도 사실이다. 연결하는 것만으로 정말 새로운 아이디어를 만들 수 있을까? 연결한다는 것은 대체 어떤 의미일까?

여기 이와 관련해 아주 재미있는 이야기가 있다.

맥도날드식
안과의 탄생

인도의 안과의사 고빈다파 벤카타스와미Govindappa Venkatas wamy는 은퇴를 앞두고 큰 고민에 빠진다. 인도에서는 매년 약 1,200만 명의 사람들이 시력을 잃는데, 이 중 80퍼센트 정도는 백내장 수술만으로도 시력을 회복할 수 있음에도 돈이 없어서 시각장애인이 되고 있었던 것이다. 보통은 그냥 안타깝게 생각하고 말 텐데 벤카타스와미는 결단을 내린다.

그는 은퇴 직전 57세가 되던 해에 아라빈드 병원을 열고 11개의 침상 중 5개는 유료로, 6개는 무료로 운영한다. 그리고 가능한 한 많은 사람을 수술할 수 있는 방안을 궁리한 끝에 맥도날드에서 해답을 찾는다. 마치 컨베이어 벨트 위에서 햄버거를 조리하는 것처럼 의사와 간호사를 3~4명씩 한 조로 묶고 침상을 이동하면서 빠르게 수술하도록 시스템을 만든 것이다.

수술 공정을 바꾼 뒤에 어떤 일이 벌어졌을까? 아라빈드 병원에서는 의사 한 명당 연간 2,000건이 넘는 수술을 하게 되었다. 일반적으로 인도에서 안과의사는 연간 300여 건의 수술을 하니 6배가 넘는 숫자다(연간 300여 건도 거의 하루에 한 번 수술을 하는 셈이니까 결코 적지 않다).

미국과 비교하면 차이가 더 크다. 미국의 수술 건수는 의사 한 명당 연간 125건이라고 하니, 아라빈드 병원의 의사들은 16배나 더 많은 수술을 하는 것이다.

그뿐만이 아니다. 백내장 수술은 가격이 1,800달러 정도인데 이 병원은 수술비를 획기적으로 낮췄다. 대략 얼마나 될까? 10배 정도 낮춰서 180달러? 놀랍게도 100배를 낮춘 18달러에 수술을 한다. 인공수정체 공장을 직접 만들어서 아주 저렴한 가격에 인공수정체를 공급받은 덕분이다.

수술 건수가 많으니 의사들의 숙련도는 더 높아져서 수술 성공률도 높다. 더 많은 사람이 훨씬 저렴한 비용으로 혜택을 받게 된 것이다. 이후 아라빈드 병원은 사회적으로 좋은 일을 하면서 돈도 버는 사회적 기업으로 널리 알려졌다.

표면적 특징이 아니라
속성을 연결하자

서로 전혀 연결될 것 같지 않은 '맥도날드식 안과'라는 아이디어는 '더 빠르게', '더 저렴하게'라는 맥도날드 시스템의 속성을 병원에 연결한 사례다. 더 빠르게, 더 저렴하게 수술 받고 싶은 소비자의 요구를 해결한 것이다.

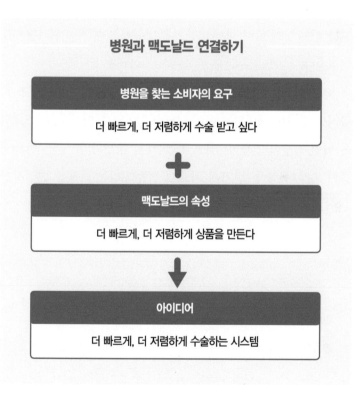

병원과 맥도날드 연결하기

병원을 찾는 소비자의 요구

더 빠르게, 더 저렴하게 수술 받고 싶다

+

맥도날드의 속성

더 빠르게, 더 저렴하게 상품을 만든다

↓

아이디어

더 빠르게, 더 저렴하게 수술하는 시스템

전혀 엉뚱한 것들을 연결하다 보면 이처럼 생각지 못한 새로운 아이디어가 나온다. 이때 중요한 것은 대상의 표면적 특징이 아니라 속성을 연결하는 것이다.

뒤집기 엔진이 고정관념을 부정하는 방식이라면, 연결하기 엔진은 다른 대상의 속성을 빌려와 변화를 주는 방식이다. 마치 내 속성인 것처럼 확장하는 것이다. 흔히 연결하라고 하면 두 가지를 억지로 섞으려고만 한다. 그러다 보면 연결하는 게 쉽지 않다. 맥도날드와 병원을 연결시켜 보라고 하면 많은 이가 '맥도날드 햄버거를 먹고 살이 많이 쪄서 비만으로 병원에 간다'처럼 인과관계로 연결한다.

'변기'와 '아이스크림'을 연결하며 연습을 해보자. 말도 안 될 것 같지만 굉장히 재미있는 아이디어들이 나올 수 있다. 아이스크림은 어떤 속성이 있을까? '사르르 녹는다', '부드럽다', '골라 먹는다' 등의 속성이 있다. 변기에 '사르르 녹는다'라는 속성을 연결하면 '변기가 사르르 녹는다' 또는 '사르르 녹는 변기' 등의 아이디어를 떠올릴 수 있다.

아이스크림의 속성 : 사르르 녹는다 / 부드럽다 / 골라 먹는다
변기와 연결하기 : 사르르 녹는 변기 / 부드러운 변기 / 골라 쓰는 변기

변기가 녹는다는 게 뭘까? 한 번 쓰고 버리면 땅에 녹는 자연친화적인 변기도 가능하고, 거품이 계속 녹아내려 청소할 필요가 없는 변기도 만들 수 있다. 실제로 이용하는 사람은 많은데 청소하기는 용이하지 않은 야외 콘서트장이나 페스티벌 현장에는 변기에서 계속 거품이 흘러내려서 물을 내릴 필요가 없는 휴대용 화장실이 있다. 변기와 아이스크림을 연결해 새로운 아이디어를 도출한 것이다.

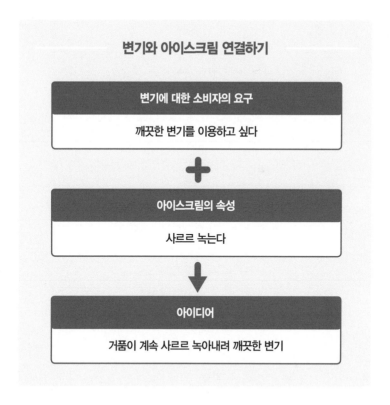

변기와 아이스크림 연결하기

변기에 대한 소비자의 요구
깨끗한 변기를 이용하고 싶다

➕

아이스크림의 속성
사르르 녹는다

⬇

아이디어
거품이 계속 사르르 녹아내려 깨끗한 변기

이처럼 연결하기 엔진을 제대로 활용하려면 눈에 보이지 않는 것을 연결할 수 있어야 한다. 그러려면 대상의 속성을 파악해야 한다. 병원의 수술 공정에 맥도날드의 빠른 조리 시스템이라는 속성을 도입해서 짧은 시간에 많은 사람이 수술할 수 있는 아이디어를 만든 것처럼 말이다. 다른 대상의 속성을 끌어와서 더 많은 가능성을 확보하는 원리다.

동심을 자극하는
낯선 재미

확대하기

평생 잊지 못할 호텔이 있는가? 지금 소개하려는 이 호텔에 머문 적이 있다면 누구라도 그 추억을 잊기 힘들 것이다. 바로 각각의 방이 거대한 맥주 캔을 세워둔 것처럼 생긴 캔 슬립Can Sleep 호텔이다. 『헨젤과 그레텔』 과자 집의 어른 버전이라고나 할까.

덴마크의 음악 축제 매니저였던 요나스 할베르그Jonas Hallberg 와 스티그 아네르손 Stig Anderson은 2005년 맥주를 마시다가 축제에 참가하는 사람들에게 좀 더 특별한 경험을 제공할 방법을 고민한다. 그리고 맥주 캔 호텔이라는 아이디어를 생각해 냈다.

건물 강도를 높이기 위해 방을 6개씩 묶어놓은 모습은 실제 맥주 캔 패키지를 연상시킨다. 2층의 침실에서는 투명 천장으로 하늘을 볼 수 있고 맥주 캔 모양의 미니바에는 맥주가 계속해서 채워진다고 하니, 맥주를 좋아하는 이들에게는 정말 꿈의 호텔이다. 한손에 쥐어지는 작은 맥주 캔을 사람보다 커다랗게 확대해서 만든 재미있는 아이디어다.

커다란 사과가
하늘에서 떨어진다면

캔 슬립 호텔은 어른들의 동심을 파고든다. 어린 시절에는 세상이 거대해 보인다. 사람도 거대하고 책상도 거대하고 집도 거대하다. 맥주 캔 모양의 거대한 호텔은 소비자로 하여금 대인국을 여행하는 『걸리버 여행기』의 걸리버처럼, 마법의 음료를 먹고 몸이 작아진 『이상한 나라의 앨리스』 속 앨리스처럼 상상 속의 세계를 즐기게 만든다. 대상의 크기를 극단적으로 키워서 아이가 된 듯한 기분을 느끼게 하는 것이다.

대상의 속성을 크게 확대하는 방식은 익숙한 것을 낯설게 만들어 의외의 재미를 준다. 그럼 어떻게 확대해야 할까? 확대한다는 건 어떤 의미일까?

커다란 사과가 하늘에서 쿵 하고 떨어졌다고 상상해 보자. 모든 동물이 먹고도 남을 만큼 커다란 사과다. 비가 오면 사과 안으로 피할 수도 있고 졸리면 사과 안에서 잠을 잘 수도 있다. 사과가 사람보다 커지고 건물보다 커지면 또 무슨 일이 벌어질까?

이 아이디어는 동화책 『사과가 쿵!』에 나오는 이야기다. 이렇게 무엇인가가 더 커지거나, 더 많아지거나, 더 빨리지거나, 더 강해지거나 더 시끄러워진다고 가정하는 것만으로도 창의적인 아이디어를 떠올릴 수 있다.

지구를 껴안는 방법

확대하기로 아이디어를 낼 때는 크기를 비교할 수 있는 비교 대상을 선정하는 게 중요하다. 허그hug로 아이디어를 내보자. 일단 '~보다 큰 허그'라고 비교 대상을 만들어야 한다. 예를 들어 장난감을 껴안은 것보다 더 큰 허그, 나무를 껴안은 것보다 더 큰 허그, 집을 껴안은 것보다 더 큰 허그, 지구를 껴안은 것보다 더 큰 허그, 우주를 껴안은 것보다 더 큰 허그 등 비교 대상을 설정하는 것이다.

'지구를 껴안은 것보다 더 큰 허그'로 생각을 확장시켜 보자. 어떻게 하면 지구를 껴안은 것보다 더 큰 허그를 만들 수 있을까? 지구를 껴안으려면 어떤 방법이 있을까?

가장 쉬운 방법은 지구본을 껴안는 것이다. 또 다른 방법으로는 두 팔을 벌리고 있는 전 세계 사람들의 사진을 모아서 이은 뒤 지구를 안는 모습을 연출할 수도 있다. 이 아이디어는 실제로 실행되었다. 아르헨티나의 환경보호단체 카스코스 베르데스Cascos Verdes는 2011년 4월 22일 지구의 날을 맞이해서 전 세계에서 사람들이 팔을 벌리고 마치 지구를 껴안는 것 같은 동작을 취한 다음 그 모습을 사진으로 찍어서 웹사이트에 올렸다. 전 세계의 사람들이 함께 지구를 껴안고 아낀다는 메시지의 캠페인이었다.

비교 대상 : '장난감 / 나무 / 집 / 지구 / 우주'를 껴안은 것보다 더 큰 허그

아이디어 : 지구 껴안기 캠페인

확대하기는 생각을 극단적으로 쭉쭉 늘리는 작업으로, 브레인 스트레칭에 비유할 수 있다. 단순히 물리적인 크기만 늘리는 것이 아니라 양을 늘릴 수도 있고, 속도를 빠르게 할 수도 있고, 더 강해지거나 더 시끄러워지는 등 다양한 방식으로 규모를 키움으로써 새로운 생각을 떠올릴 수 있다. 스트레칭을 하고 나면 키가 조금

And join a virtual group hug...
a bigger than life hug!

Roberto Peñalba
Se sumó a Abracemos Nuestro Mundo en el Día de la Tierra:

22 de Abril – Día de la Tierra junto a Cascos Verdes

확대하기 엔진을 이용해 지구를 껴안는 방법. 지구의 날을 맞아 전 세계에서 사람들이 팔을 벌리고 마치 지구를 껴안는 듯한 사진을 찍어서 페이스북에 올렸다.

더 커진 것 같다고 느낀다. 아이디어도 마찬가지다. '브레인 스트레칭'을 하면 생각이 보다 유연해진다.

눈에 보이지 않는 대상을 확대하기란 생각보다 쉽지 않다. 그래서 비교 대상을 설정해야 한다. 더 크게, 더 세게, 더 높게, 더 빠르게, 더 많이 극단적으로 아이디어를 키워보자.

더 작고 조용하게,
신기술의 시작

축소하기

일본에 재미있는 서점이 있다. 다양한 책으로 빼곡히 채워진 서점이 아니라 오직 단 한 종의 책만 파는 서점, 바로 모리오카 서점이다. 이 서점은 일주일에 단 한 종의 책을 판매한다. 보통 서점이라고 하면 다양한 책으로 둘러싸여 있어서 마치 그 책 속에 파묻힐 것 같은 공간을 떠올리기 쉽다. 그런데 이 서점은 다르다.

모리오카 서점은 단 한 종의 책만 판매하는 대신 그 책의 매력을 더욱 밀도 있게 느낄 수 있도록 공간을 꾸민다. 책 내용에 어울리는 그림을 걸기도 하고, 꽃을 놓기도 하고, 때로는 서점을 아예

레스토랑으로 변신시키기도 한다. 살 수 있는 책이 한 종밖에 없는 서점이지만 굉장히 다채로운 경험을 할 수 있다. 이 공간은 독특한 콘셉트 때문에 세계적인 명소가 되어 관광객들의 발걸음이 끝없이 이어지고 있다.

혹시 대형 서점에서 책을 고르기 어려워 난감했던 경험이 있는가? 수많은 책이 준비되어 있는 공간에서 책을 고르기 더 어려운 이유는 무엇일까? 너무 많은 선택지가 있기 때문이다. 소비자들은 실패하고 싶어 하지 않는다. 그런데 선택지가 너무 많으면 내가 선택한 것보다 더 나은 옵션이 있을지도 모른다는 생각 때문에 인지적으로 엄청난 과부하를 경험한다. 자연스럽게 선택을 주저하게 되는 것이다. 선택을 주저하는 소비자들은 그대로 멈춰 서서 최선의 선택지가 보일 때까지 기다리는 게 아니라 그냥 선택을 포기하고 나가버린다. '매주 한 종만 파는 서점'이라는 아이디어는 그런 소비자의 인지적 부담을 대폭 축소시킨다. 소비자는 책을 살지 말지 둘 중 하나만 선택하면 된다.

컴퓨터는 앞으로
얼마나 더 작아질까?

보통 아이디어를 낼 때 '시야를 넓혀 봐' 이런 이야기는 참 많

'단 한 종의 책을 파는 서점'이라는 콘셉트를 내건 일본의 모리오카 서점. '한 사람을 위한 한 권'의 배려를 경험할 수 있다.

이 한다. 그런데 '축소해서 생각해 봐' 이런 이야기는 잘 하지 않는다. 축소해서 생각하는 게 자칫 자유로운 상상을 제한할지도 모른다는 걱정 때문이다. 하지만 확대하기와 축소하기의 원리는 같다. 익숙한 대상의 속성을 낯설고 새롭게 보도록 만드는 것이다.

사람이 개미만큼 작아진다면 어떨까? 우산을 타고 날아다닐 수도 있고 나뭇잎으로 태평양을 건널 수도 있다. 동화책에서 나올 법한 이야기로 보이겠지만 이런 발상은 실제로 신기술 분야에서 자주 활용된다. 개발 초기에 집채만 했던 컴퓨터는 이제 손안에 들어갈 정도로 작아졌고, 로봇은 뇌에 주입해 약물을 전달할 수 있을 정도로 작아졌다. 축소는 기술의 진보와 깊은 연관이 있다.

축소하기 역시 확대하기처럼 크기뿐만 아니라 횟수를 줄이거나 속도를 느리게 하거나 힘을 더 약하게 하거나 더 조용하게 만드는 등 다양한 방식이 존재한다. 핵심은 대상의 규모를 극도로 줄임으로써 새로운 생각을 떠올리는 것이다.

홈 카페의 시대를 연
아이디어의 시작

축소하기도 확대하기처럼 비교 대상을 선택하는 데서 시작한다. '카페'를 예로 들어보자. 먼저 카페와 비교할 대상이 있어야 한다. '무엇보다 작다'라고 비교할 대상을 나열하고 선택하는 것이다.

'캡슐보다 작은 카페'로 아이디어를 만들어보자. 카페가 캡슐 하나에 담기는 상상을 해볼 수 있다. 이제는 우리에게 익숙해진 캡슐 커피다. 카페에서 먹던 고급스러운 커피를 집에서도 쉽게 마실 수 있게 만들어준 캡슐 커피는 홈 카페의 시대를 열었다.

비교 대상 : '캡슐 / 머리카락 / 알약 / 손가락'보다 작은 카페

아이디어 : 캡슐 커피

원래 정말 음식을 잘하는 맛집은 메뉴가 많지 않다. 오직 하나의 메뉴로만 승부를 보는 곳들도 많다. 앉으면 바로 나오기 때문에 빠르다는 이점까지 있다. 1년에 일주일만 여는 놀이동산인 호주의 퍼스 로열 쇼Perth Roral Show, 최고 품질의 검은색 양말만 판매하는 양말 회사인 스위스의 블랙삭스닷컴blacksocks.com 등 축소해서 성공한 사례는 무수히 많다.

그런데 현실에서는 이 축소하기 전략을 쓰기가 참 쉽지 않다. 혹시라도 선택받지 못하면 어쩌나 두렵기 때문이다. 하지만 소비자들은 선택지가 여러 개라서 선택하는 것이 아니다. 그 대상이 자신에게 충분히 가치가 있어야 선택한다. 만약 가치가 없다면 선

1년에 한 번 나타나는 특별한 놀이동산인 퍼스 로열 쇼(위)와 검은색 양말만 파는
블랙삭스닷컴(아래)은 생각의 차별화로 성공했다.

택지의 개수와 상관없이 어떤 것도 선택하지 않는다.

쉽지는 않지만 아이디어를 개발하는 단계에서는 대상의 속성을 극단적으로 줄여서 생각해 보는 것도 새로운 발상을 떠올리는 데 의외로 많은 도움이 된다. 처음에는 다소 억지스럽게 느껴질 수도 있다. 어색하더라도 검열하지 말고 연습하자. 낯선 만큼 신선한 아이디어를 떠올릴 수 있다.

태풍 피해를
역이용한 사과 농부

룰 바꾸기

당신은 카페의 주인이다. 평안하고 조용한 카페에 손님이 한 명 들어온다. 그런데 그 손님이 아침부터 인상을 구기며 반말을 한다.

"물 한 잔 줘!"

당신은 썩은 미소를 날리며 애써 공손하게 답한다.

"손님! 물은 셀프예요. 뒤쪽 셀프 바에 있어요."

그런데 이 손님, 역시나 퉁명스럽게 받아친다.

"손님이 달라면 가져다줘야지, 뭐가 이렇게 말이 많아?"

이때 당신은 어떻게 반응할 것인가? "네. 손님" 하고 가져다주는 순응형이 가장 많을 것이다. 돌아서서 '내가 무슨 부귀영화를 누리자고⋯⋯. 이런 꼴 안 보려면 빨리 그만둬야지' 하고 한탄하더라도 말이다.

물론 "나가! 당신 같은 사람은 손님으로 안 받아!"라고 받아칠 수도 있다. 그 순간에 속은 시원할지 몰라도 다음 장면에서는 고성이 난무하는 전쟁 같은 싸움이 펼쳐질지도 모른다. 뭔가 다른 대처법은 없을까?

손님을 친절하게 만드는 룰을 만들다

메뉴판에 이런 말을 적어놓으면 어떨까?

"커피 줘"라고 주문하면 5,000원
"커피 주세요"라고 주문하면 3,000원
"안녕하세요. 커피 한 잔 부탁드립니다"라고 주문하면 1,500원

화를 억지로 참거나 카페를 접겠다고 결심하거나 손님에게 "나가!" 하고 화를 내는 대신, 커피를 주문하는 룰을 바꾸는 것이다.

머릿속에 '손님은 왕이다', '시키면 해야 한다'라는 룰이 있을 때와 '손님이 친절하지 않으면 친절하게 만들어버리겠다'라는 룰이 있을 때의 만족도는 다를 수밖에 없다. 권력자만 룰을 바꿀 수 있는 것이 아니다. 아이디어만 있으면 룰을 바꿀 수 있다.

역도의 룰이 무거운 역기를 들수록 높은 점수를 주는 게 아니라 무거운 역기에 오래 매달릴수록 점수를 주는 것이라면 가벼운 사람일수록 유리하다. 무거운 역기를 드는 게임이라는 룰에서는 힘이 센 사람이 최고지만, 무거운 역기에 오래 매달리는 것으로 룰을 바꾸는 순간 가벼운 사람이 더 유리해진다.

나폴레옹은 키가 작았던 걸로 유명하다. 158센티미터 정도였다고 하는데, 이에 관해 다음과 같은 명언을 남겼다.

"내 키는 땅에서부터 재면 작지만 하늘에서부터 재면 크다."

자신에게 유리한 룰로 바꾼 것이다.

사과 농사를 망친
농부의 아이디어

룰을 바꾸는 게 쉬운 일은 아니다. 일단 룰을 명시하는 경우가 많지 않기 때문이다. 보이지도 않는 룰을 찾아서 바꾸려면 어떻게 해야 할까?

사과를 팔아야 한다고 가정해 보자. 사과 판매의 룰에는 어떤 것들이 있을까? 잘 팔리는 사과는 모양이 예쁘고, 크기가 크고, 흠이 없다. 그중에서 '사과는 예뻐야 잘 팔린다'라는 룰을 바꿔서 못난이 사과를 판매하면 어떨까?

실제로 미국 농산품의 약 25퍼센트는 단지 못생겼다는 이유로 버려진다. 전 세계적으로는 무려 13억 톤 정도가 버려진다고 한다. 이런 사실을 알게 된 네덜란드의 옌터 데 프리스Jente de Vries와 리산느 판 즈볼Lisanne van Zwol은 못생겨서 버려지는 과일과 채소를 이용한 수프 브랜드 크롬꼬머Kromkommer를 만들어 선풍적인 인기를 얻었다.

크기별로 값을 쳐서 판매한다는 룰을 바꿀 수도 있다. 일반적으로 과일은 크기가 클수록 최상품 상품으로 인정받아 값비싼 가격에 판매된다. 그런데 꼭 같은 크기로 분류해서 판매해야 할까? 다양한 크기의 사과들을 모아서 '크고 작게 골고루 맛보는 사과' 세트 상품으로 판매할 수도 있다.

또 흠집난 사과만 모아서 판매할 수도 있다. 흠집은 좀 있지만 끝까지 땅에 떨어지지 않고 버틴 사과에 특별한 스토리를 담아서 '끝까지 버틴 꿋꿋한 사과'로 판매하는 것이다. 일본의 아오모리현에서 실제로 있었던 일이다.

태풍 때문에 사과들이 땅에 떨어져서 모두 '올해 농사는 망했구나'라고 생각했을 때 한 농부는 나무에 끝까지 매달려 있는 사과들에 주목했다.

'저 사과들은 어쩜 저렇게 잘 버티고 있을까?'

꿋꿋하게 버틴 모습에 깊은 감명을 받은 농부는 그 사과들에 '시험에서 떨어지지 않는 합격 사과'라는 이름을 붙여 일반 사과의 10배가 넘는 가격으로 내놨다. 그리고 그해 합격 사과는 불티나게 팔려나갔다.

기존의 룰 : 흠집 없이 크고 깨끗한 사과를 판다

룰 바꾸기 1 : 못생겨서 버려지는 사과를 판다

룰 바꾸기 2 : 크기별로 맛보는 사과 세트를 판다

룰 바꾸기 3 : 땅에 떨어지지 않고 버틴 사과를 판다

합격 사과는 단순히 이름만 바꾼 것이 아니다. 소비자의 믿음을 바꾼 것이다. '떨어진 사과는 안 좋다'라는 믿음에서 '떨어진 사과가 더 좋다'는 믿음으로 바꿨다.

소비자의 믿음이 바뀌면 룰이 바뀐다. 가령 '맥주 맛은 공법이 결정한다'에서 '맥주 맛은 물맛이 결정한다'로 믿음이 바뀌면 맥주 업계의 룰이 바뀌는 식이다.

크롬꼬머는 움푹 팬 감자, 다리가 두 개인 당근, 구부러진 오이 등 소비자를 만나지도 못하고 버려지는 못생긴 과일과 채소로 수프를 만들어 성공했다.

입소문으로 대박 난
미디어 데이의 비밀

AXA보험회사에서 자동차 보험 상품의 론칭 행사를 의뢰받았을 때 룰 바꾸기 엔진을 활용했다. 보통 신제품이나 신규 서비스를 론칭할 때는 미디어 데이라는 행사를 한다. 언론인, 인플루언서 등을 모아서 사전 홍보 활동을 하는 것이다.

미디어 데이는 기자 간담회의 성격이 짙기 때문에 묻고 답하는 방식으로 진행하는 것이 일반적인 룰이다. 그런데 소비자의 라이프 스타일에 맞춘 자동차 보험 상품을 론칭한다면서 소비자는 빼고 미디어만 부르는 것은 어불성설이라는 생각이 들었다. 그래서 다양한 소비자와 블로거들을 함께 초대하는 참여형 워크숍을 제안했다. 각자 삶에서 자동차를 둘러싸고 의미 있었던 순간, 그 순간의 소망 등에 대해 이야기를 나눴다. 그냥 말로 하거나 글로 쓰면 심심할 것 같아서 직접 크레파스로 그리고 색종이를 오려 붙이며 워크숍을 진행했다.

기존의 룰 : 미디어 데이에 미디어 담당자를 불러 홍보한다

룰 바꾸기 : 미디어 데이에 소비자를 초대해 스토리를 만든다

워크숍에 참여한 소비자들은 마치 어린 시절로 돌아간 듯 즐거워했다. 그리고 그 경험을 블로그나 SNS에 올려 현장의 감동을 생생하게 전했다. 기자 간담회 형식의 미디어 데이보다 더 큰 입소문 효과를 불러온 것이다. 미디어 데이에는 미디어 담당자를 부른다는 기본적인 룰을 바꿨을 뿐인데 말이다. 덕분에 큰 비용을 추가로 들이지 않으면서 홍보 효과를 끌어올릴 수 있었다.

같은 물건, 다른 의미

이름 바꾸기

이름을 바꾼 뒤 주가가 2,700퍼센트 폭등해 거래 정지를 당한 회사가 있다. 바로 크립토컴퍼니다. 이 회사는 디지털 자산이나 블록체인 또는 가상화폐에 기술이나 컨설팅을 자문해 주는 곳으로, 가상화폐를 만들거나 판매하는 회사가 아니다. 그럼에도 '크립토'라고 하니 가상화폐를 만드는 회사로 착각해서 수많은 사람이 주식을 사는 바람에 주가가 폭등했다(가상화폐는 영어로 크립토 커런시 crypto currency다). 2017년 미국증권거래소에서 일어났던 일이다. 이름 하나로도 회사의 가치가 달라질 수 있음을 보여준 사례다.

이름을 바꾸면
의식이 바뀐다

나는 새로운 아이디어를 도출할 때 가장 먼저 이름 바꾸기부터 시작한다. 예를 들어 '심플simple한 가전제품을 만들고 싶다'라는 의뢰를 받으면 심플하다는 것은 무엇인지, 그냥 비어 있는 것과 어떻게 다른지, 심플하지 않은 것의 기준은 무엇인지 생각하며 '심플'에 대해 정의한다. 그런 식으로 다른 이름을 붙이면서 다음 단계로 나아간다.

이름은 '의미'다. 이름을 바꾼다는 건 의미를 바꾼다는 것이고 머릿속에 떠오르는 생각을 바꾼다는 뜻이다. 말은 의식을 담는 그릇이다. 언어가 없으면 생각 자체가 불가능하다. 특히 이름이란 그 생각을 가장 집약적으로 표현하는 말이다. 요즘에는 어떤 단어 뒤에 '어린이'를 붙여서 '주린이(주식+어린이)', '등린이(등산+어린이)' 이런 식으로 부르는 경우가 많은데, 이런 말에는 어린이를 서툴고 초보적인 존재로 보는 시선이 담겨 있다.

'이름'은 순 우리말로, 어원은 '이르다'이다. 어딘가에 도착한다는 것이다. 그렇다면 대체 어디에 이른다는 걸까? 바로 머릿속이다. 머리에 이르지 않으면, 즉 무슨 말인지 모르거나 뭔지는 알았지만 기억할 수 없다면 그건 이름이 아니다. 그렇다면 이름 바꾸기는 아이디어를 떠올리는 데 어떻게 활용할 수 있을까?

'프리미엄'에 붙인
새 이름

코웨이의 프리미엄 정수기를 개발할 때 '프리미엄premium' 대신 들어갈 새로운 이름을 고민했다. 대체 프리미엄이란 무엇인가? 프리미엄은 럭셔리랑 어떻게 다른가? 금칠을 하면 프리미엄인가? 값비싸면 프리미엄인가? 프리미엄을 제대로 정의하고 새로운 이름을 붙여 주기 위해 프리미엄의 사전적 의미와 어원, 역사적으로 어떤 맥락으로 쓰였는지 등을 두루 살폈다.

프리미엄은 1600년대에 '전리품을 가져오면 나눠주는 보상'이라는 의미로 쓰였다가 해양 무역업자가 자금을 융자할 때 '위험 부담으로 부과하는 보험료'라는 의미가 되었고, 1925년 버터 회사에서 최초로 '더 높은 품질'이라는 의미로 사용하기 시작했다.

프리미엄에는 '보상', '리워드' 같은 의미도 있지만 '더 나은', '뛰어넘는', '우월한' 등의 의미가 동시에 섞여 있다. 나는 '프리미엄 정수기'라는 말 대신 '뛰어나서 믿음직한 정수기'로 이름을 바꾸고 아이디어를 고민했다.

이를 통해 몇 가지 아이디어를 도출했는데, 그중 가장 반응이 좋았던 것은 정수기가 사용자를 인식하고 행동 패턴을 파악해 물의 양이나 온도 등을 맞춰주는 다이얼식 정수기 아이디어였다. 사용자가 원하는 것을 미리 알고 맞춰주는 믿음직한 정수기인 것이다.

코웨이 프리미엄 정수기의 아이디어 가상 이미지(왼쪽)와 실제 제품의 모습(오른쪽). '프리미엄'에 새 이름을 붙여서 사용자의 행동 패턴을 읽는 정수기 아이디어를 도출했다.

사용자를 인식하려면 지문, 홍채, 안면 인식 등 다양한 기술이 필요한데, 당시에는 고가의 기술이어서 그 아이디어를 그대로 구현하지는 못하고 다이얼 조작 방식만 반영해 제품으로 출시되었다.

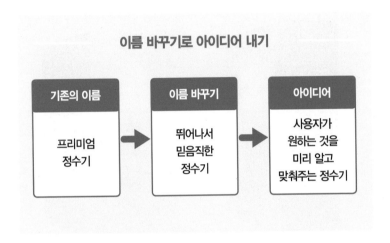

이름 바꾸기는 아이디어를 만드는 강력한 방법임에도 막상 쓰려고 하면 어렵다. 길면 외우기가 어려우니 이름을 지을 때는 짧게 압축하는 경우가 많은데, 새로운 이름을 지으라고 하면 습관적으로 짧고 압축적인 새 단어를 찾기 때문이다. 아이디어를 떠올리기 위해서 새 이름을 지을 때는 네이밍을 하지 말고 길게 풀어서 쓰는 것이 좋다. 핵심적인 개념들을 뽑아서 길게 연결하는 것만으로도 새 이름이 될 수 있다. 이렇게 이름을 바꾸면 다른 의미가 보이고 새로운 아이디어로 연결된다.

효과를 손쉽게 바꾸는 법

순서 바꾸기

의류 브랜드 베네통은 제조 방식의 순서를 바꾸는 혁신으로 수익을 극대화했다.

일반적으로 의류 제조회사는 실을 염색한 뒤에 그 실로 옷을 짜는데, 옷을 짜는 과정이 느리기 때문에 미리 많은 완성품을 확보해 놓아도 인기 있는 색은 모자라고 인기 없는 색은 물량이 남는 악순환에 빠지기 쉽다. 그런데 베네통은 순서를 바꿔서 탈색된 실로 옷을 짜고 색을 나중에 입혔다. 고객의 수요에 맞춰서 공급하는 시스템을 선보인 것이다. 이처럼 순서를 바꾸는 것만으로도 문제 해결의 실마리를 쉽게 얻을 수 있다.

또 다른 사례를 보자. 일반적인 카페에서는 손님이 음료를 주문하면 카페 직원이 음료를 만들고 그 음료를 그 손님에게 건네는 순서로 구매가 이루어진다. 그런데 이 순서를 바꿔보면 어떨까? 내가 주문한 메뉴를 내가 먹는 게 아니라 뒷사람이 먹고, 나는 앞사람이 주문한 메뉴를 먹는 것이다.

실제로 일본의 지바현에 위치한 한 미스터리 카페는 메뉴를 주문하고 돈을 내는 것까지는 일반 카페와 같지만, 그 메뉴는 본인이 아니라 다음 손님이 마시게 되어 있다. 이 예측불허의 상황이 설렘을 줄 수도, 실망을 줄 수도 있지만 단조로운 일상에 짜릿한 경험을 안겨주는 것만은 확실하다.

자원 봉사를
설레는 이벤트로 만들다

미국에는 '두 굿 버스Do Good Bus'라는 아주 재미있는 버스가 있다. 이 버스는 일단 사람이 올라타면 랜덤으로 봉사할 장소에 데려다준다. 새로운 개념의 자원 봉사 전용 버스다.

보통 자원 봉사를 할 때는 복지관이든 양로원이든 먼저 장소를 정한 뒤에 봉사 신청을 하고 해당 장소로 이동한다. 그런데 두 굿 버스는 봉사 신청부터 하고 장소는 나중에 배정받는다. 어디로 갈지 모르는 채로 이동하는 것이다.

이렇게 하면 어떤 기관에는 지원자가 몰리고 또 어떤 기관에는 지원자가 부족해지는 현상을 막을 수 있다. 그리고 봉사에 참여하는 사람들에게는 설레는 이벤트가 된다. 이 버스는 특히 젊은 남녀에게 인기가 많다고 한다.

아이디어를 낸다는 건 우리를 둘러싼 세상에 변화를 주는 일이다. 따라서 세상을 이해하는 것이 중요하다. 세상은 관계로 구성

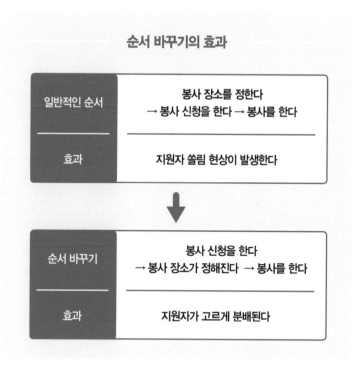

순서 바꾸기의 효과

일반적인 순서	봉사 장소를 정한다 → 봉사 신청을 한다 → 봉사를 한다
효과	지원자 쏠림 현상이 발생한다

순서 바꾸기	봉사 신청을 한다 → 봉사 장소가 정해진다 → 봉사를 한다
효과	지원자가 고르게 분배된다

되어 있고 각각의 맥락이 있다. 순서를 바꾼다는 것은 맥락을 바꾸는 것이다.

우리의 생각은 순차적으로 진행되는 절차에 고착화되어 있다. 이 절차들은 대부분 너무나 당연하게 여겨지기 때문에 의식하지 않으면 깨기가 쉽지 않다. 그래서 일부러라도 순서를 깨는 훈련을 할 필요가 있다. 익숙한 세계에서 새로운 맥락을 만들어내는 방법이다.

KILLER THINKING

8

본질에 가까울수록 혁신적이다

빼기

나는 스트리밍 음악 서비스 '멜론'으로부터 새로운 비즈니스 모델을 발굴하는 프로젝트를 의뢰받았다. 그때 가장 먼저 한 일은 멜론의 핵심 자산이 무엇인지 찾아내는 것이었다. 새로운 비즈니스 모델은 갑자기 하늘에서 뚝 떨어지지 않는다. 자신이 가진 것을 활용해야 효과가 좋다. 하지만 대부분은 자신이 무엇을 가지고 있는지 잘 모른다.

멜론은 음악 서비스를 하는 회사니까 당연히 음원이 핵심 자산이라고 생각할 수 있다. 그런데 음원은 다른 음악 서비스 회사들도 가지고 있는 자산이다. 다른 회사에는 없지만 멜론에는 있는 진짜 핵심 자산은 무엇일까? 멜론의 본질은 무엇일까?

답을 찾기 위해 일단 멜론의 자산이라고 생각되는 것들을 모두 나열했다. 음원, 음악을 사랑하는 팬, 작곡가, 작사가, 엔터테인먼트 매니지먼트 기술, 엔터테인먼트 회사가 있었다. 나열하고 보니 핵심 자산이 무엇인지 눈에 보였다. 바로 엔터테인먼트 회사와 음악을 사랑하는 팬이었다. 애플 뮤직이나 스포티파이 같은 음원 중심의 회사들에는 없는 자산이다.

나는 이를 토대로 팬과 아티스트와 엔터테인먼트 회사를 연결하는 새로운 플랫폼 '아티스트 채널'을 기획했다. 음악 소비자들이 아티스트의 팬이 되고 심지어 사생 팬까지 되는 과정을 분석해 서비스 모델을 만들었다.

멜론의 자산 : 음원, 음악을 사랑하는 팬, 작곡가, 작사가, 엔터테인먼트 매니지먼트 기술, 엔터테인먼트 회사

멜론의 본질 : 음악을 사랑하는 팬과 엔터테인먼트 회사

아이디어 : 팬과 아티스트와 엔터테인먼트 회사를 연결하는 아티스트 채널

이 플랫폼을 이용하면 엔터테인먼트 회사는 아티스트의 팬들

에게 더 적극적인 마케팅을 펼칠 수 있고, 소비자는 자기가 좋아하는 아티스트를 좀 더 특별하게 만날 수 있다. 팬 친밀도, 팬 순위와 같은 특별한 경험을 제공하는 것이다.

덕분에 멜론은 네이버의 음악 서비스 '바이브', 유튜브의 '유튜브 뮤직 프리미엄' 등 공룡 기업들과 사투를 벌이고 있는 격전지에서도 아직까지 음악 스트리밍 서비스 1위를 지키고 있다. 음악 서비스의 핵심이라고 여겨지던 음원을 빼고 멜론만 가지고 있는 자산, 즉 멜론의 본질을 활용해 새로운 비즈니스 모델을 만들어 성공한 것이다.

이것저것 다 빼고 나면
본질만 남는다

『어린 왕자』의 작가 생텍쥐페리는 "완벽이란 더 이상 보탤 것이 없는 상태가 아니라 더 이상 뺄 것이 없는 상태다"라는 명언을 남겼다. 빼기를 이용하면 가장 핵심적인 내용이 남아 본질에 가까워진다. 그래서 더 근본적이고 혁신적인 아이디어들이 나오는 경우가 많다.

다이슨은 2009년 날개 없는 선풍기를 세상에 선보였다. 비행기 이륙 원리를 응용한 '에어 멀티플라이어'라는 다이슨의 특허 기

맬론의 본질은 음악이 아니다. 음악을 사랑하는 팬과 아티스트를 연결해 주는 서비스다. 본질에 집중한 '아티스트 채널' 아이디어는 멜론의 경쟁력을 높였다.

술 덕에 많은 양의 바람을 끊임없이 내보낼 수 있어서 일반 선풍기보다 시원하다. 일반 선풍기보다 값이 20~30배 비싸도 불티나게 팔리는 이유가 있다. 다이슨은 공기 흐름을 제어하는 기술 특허만 약 3,000개를 보유하고 있다.

빼기는 근본적인 것, 혁신적인 것을 알아낼 때 굉장히 유용하다. 날개를 빼도 선풍기일까? 선풍기의 본질은 무엇인가? 날개 없이 어떻게 바람을 일으킬 것인가? 선풍기의 본질은 날개가 아니라 바람이다. 시원한 바람만 내보낼 수 있다면 날개는 필요 없다.

어떤 제품이나 서비스의 가장 핵심이라고 여겨지던 요소를 빼면 다른 것이 그 역할을 대체한다. 이는 소비자들에게 생각지도 못한 의외성과 놀라움을 준다. 음악 없는 음악 비즈니스, 날개 없는 선풍기 등 빼는 것만으로도 새로운 아이디어가 나온다. 더 이상 뺄 게 없다고 느낄 때도 마지막으로 한 번 더 무엇을 뺄 수 있을지 생각해 보자. 이런 작업을 반복하면 본질이 눈에 들어온다.

멜론의 본질	
음악	X
음악을 사랑하는 팬	O

선풍기의 본질	
날개	X
시원한 바람	O

중요해 보이지만
본질은 아닌 것들

빼기는 제품뿐만 아니라 서비스에도 적용할 수 있다. 대만의 칵테일 바 드래프트 랜드에는 바텐더가 없다. 병에 담긴 술을 주는 술집도 아니고 여러 가지 술을 기술적으로 섞어서 맛을 내야 하는 칵테일 바인데 바텐더가 없어도 될까? 칵테일 바의 본질은 바텐더가 아닌가? 바텐더 없이 어떻게 술을 만들까?

드래프트 랜드는 정확하게 계량한 칵테일을 미리 만들어두고 판매하는 아이디어를 냈다. 덕분에 소비자들은 완성된 칵테일을 시음한 뒤에 취향에 맞는 것으로 선택할 수 있다. 바텐더를 없앤 덕분에 선택의 폭이 오히려 넓어진 셈이다.

빼기 엔진으로 아이디어를 내면 일단 부가적인 요소들이 가장 먼저 빠진다. 있어도 그만, 없어도 그만인 것들부터 하나씩 빼다 보면 나중에는 중요한 요소들만 남는다. 하지만 그 역시 본질이 아닐 수 있다. 중요해 보이는 것들도 과감하게 뺄 수 있어야 한다. 그러다 보면 '과연 이 제품 또는 서비스의 본질은 무엇인가'와 같은 아주 깊은 고민을 마주하게 된다. 진짜 혁신은 그때 시작된다.

그 소비자는 왜
안절부절못했을까?

관찰하기

일본의 게임 개발자 다지리 사토시田尻智는 어느 날 곤충 채집을 하는 아이들을 관찰하다가 재미있는 모습을 발견한다. 아이들이 곤충을 찾을 때마다 서로 자랑을 하고 경쟁하면서 서로를 이길 만한 특이한 곤충을 찾고 싶어 한 것이다. 그는 여기서 아이디어를 얻어 세상에 없던 게임을 만들어낸다. 그 유명한 '포켓몬스터'다. 희귀한 포켓몬을 찾아나서는 이 흥미진진한 게임은 사토시의 집요한 관찰 끝에 탄생했다.

관찰은 질문으로 가는 지름길이다

관찰을 하다 보면 자연스럽게 '왜 그렇지?' 하고 질문이 떠오른다. 창의적 사고는 이때부터 시작된다. 창의 전문가들은 하나같이 관찰의 중요성을 강조한다. 역사 속에서 뛰어난 창조성을 발휘한 사람들의 생각법을 소개하는 책 『생각의 탄생』에서도 가장 먼저 다루는 생각 도구가 바로 관찰이다. 왜 이렇게 관찰을 강조하는 걸까? 관찰이라고 하면 왠지 『파브르의 곤충일기』가 떠오르는데, 아이디어를 내기 위해 관찰일기라도 써야 하는 걸까? 관찰한다는 건 대체 어떤 의미일까?

아이디어idea라는 단어는 '보다'라는 뜻의 고대 그리스어에서 나왔다. 말 그대로 아이디어는 머릿속에서 번쩍하고 생기는 것이 아니라 무언가를 볼 때 나온다는 것이다. 흘깃 한 번 쳐다보는 것과 관찰하면서 유심히 보는 것은 다르다. 길에서 흔히 볼 수 있는 벽돌도 유심히 관찰하다 보면 '색깔이 붉네? 다른 색깔은 없을까? 무겁네? 가벼운 벽돌은 없을까?' 이렇게 질문이 인다.

아인슈타인은 "정답보다 중요한 것이 질문이다"라고 이야기했다. 질문은 다른 말로 호기심이다. 아이디어의 가장 좋은 연료인 것이다. 호기심은 내 안에서 만들어지기 때문에 답을 찾을 때까지 추동해 가는 내적 동인이 된다. 관찰은 바로 그 질문과 호기심으로 가는 지름길이다.

그렇다면 대체 무엇을 어떻게 관찰해야 할까?

인터넷 설치 기사의
주변을 배회하는 소비자

앞서 소개한 LG 유플러스의 인터넷 설치 서비스 아이디어를 도출할 때의 일이다. 설치 기사와 함께 고객의 집을 방문한 나는 그곳에서 흥미로운 장면을 관찰했다. 고객이 설치 기사 옆을 떠나지 못하고 계속 옆에 서 있었던 것이다. 금방 끝날 작업이 아닌데도 한참을 붙어 서 있었다. 방으로 잠깐 들어갔다가도 금세 나와 있었다. 뭔가 안절부절못하는 모습이었다. 집 안의 모든 방문은 닫혀 있었다.

고객의 이런 행동은 인터뷰만으로는 절대로 파악할 수 없다. 나는 왜 소비자가 이렇게 불안해하는지 궁금해졌다. 답을 찾기 위해 유사한 사례를 조사했다. 그 결과 소비자는 낯선 사람이 자신의 집을 방문하는 것에 무척 부담감을 느낀다는 사실을 알게 되었다. 통제권을 잃어버렸다는 불편한 감정에서 비롯된 것이었다. 그래서 통제권을 되찾는 방법을 아이디어로 제시했다. 소비자에게 미리 소요 시간을 안내하고, 집 안의 어떤 구역을 점유해 작업할지 미리 알려주는 것이었다. 관찰에서 힌트를 얻은 아이디어였다.

관찰하기 : 고객이 설치 기사의 옆에서 안절부절못하는 모습을 보인다

아이디어 : 고객에게 미리 소요 시간과 작업 구역을 안내하는 서비스

소비자도 모르는
소비자의 니즈를 발견하는 법

소비자들은 인지한 것만 말할 수 있다. 바꾸어 말하면 무의식적으로 하는 행동에 관해서는 말할 수 없다. 그래서 소비자를 관찰하다 보면 소비자가 자신이 했던 말과는 전혀 다른 행동을 하는 모습을 종종 발견하게 된다.

예전에 SK텔레콤에서 신규 사업의 일환으로 게임과 장난감을 연결하는 '얼라이브 토이Alive Toy' 프로젝트를 진행한 적이 있다. 그때 초등학교 저학년 아이를 인터뷰했는데, 장난감을 얼마나 자주 가지고 노냐는 내 질문에 아이가 이렇게 답했다.

"제가 애예요? 장난감이나 가지고 놀게."

자신은 더 이상 장난감 따위는 가지고 놀지 않는 성숙한 아이

라는 듯 시크하게 말하는 것이다. 일단 나는 더 깊은 이야기를 나누기 위해서 아이의 집을 방문했다. 그렇게 한참 대화를 하고 집을 나서려는데 아이가 갑자기 장롱 깊숙한 곳에서 인형을 주섬주섬 꺼내 왔다. 엄마가 아직도 인형이나 갖고 노는 애 취급을 하는 게 싫어서 장롱에 숨겨 둔 것이란다.

말과 행동이 다른 또 다른 사례도 있었다. 아이들이 게임하는 걸 너무 싫어하는 어느 부모와 인터뷰를 했다. 그런데 막상 집을 방문해 보니 아이는 게임을 하고 있었고 부모는 이를 막지 않았다. 분명 게임을 절대 못 하게 한다고 했었는데 말이다. 내가 그냥 두는 이유를 물었더니 다음과 같은 대답이 돌아왔다.

"이 게임은 괜찮아요. 책으로도 나왔거든요."

알고 보니 그 부모는 게임이 싫은 게 아니었다. 자신들에게 낯선 세상에서 아이가 노는 게 싫었던 것이다. 책은 익숙했기에 관대했다. 직접 관찰하지 않았다면 알지 못했을 사실이다.

이처럼 관찰은 호기심의 원료일 뿐만 아니라 소비자가 처한 문제를 더 깊이 이해하는 데도 효과적이다. 소비자도 모르는 소비자의 니즈까지 찾을 수 있는 것이다. 데이터를 아무리 조사하고 이리저리 궁리해 봐도 마땅한 아이디어가 떠오르지 않는다면 일단 대상을 차분하게 지켜보자. 자세히 관찰하는 것만으로도 기대 이상의 유용한 인사이트를 얻게 될 것이다.

눈으로 보듯이 생생하게

비유하기

파격적인 패션과 음악으로 주목받는 가수 레이디 가가는 자신과 팬들을 몬스터라고 부른다. 자신은 '엄마 몬스터Mother Monster', 팬들은 '아기 몬스터Little Monster'라고 한다. 콘서트에 특별 스탠딩석도 '몬스터 소굴'이라는 뜻의 '몬스터 핏Monster Pit'이라고 부른다. 레이디 가가와 팬들의 색깔을 분명하게 보여주는 비유다.

비유란 추상적이고 어려운 개념을 이미 알고 있는 구체적인 것에 빗대어 설명하는 일이다. 그래서 무언가에 비유해서 말하면 훨씬 이해가 잘된다. '만리장성보다 긴 대화' 같은 것이다. 얼마나 길고 긴 대화를 말하는지 더 생생하게 떠올릴 수 있다.

놀이터 같은 도서관,
소풍 같은 산책 코스

도서관에 관한 아이디어를 한번 떠올려 보자. 조용하다는 의미로 '절'에 비유해서 '절 같은 도서관'이라는 아이디어를 낼 수 있다. 소음을 완전히 차단하기 위해 모든 의사소통을 말 대신 글로만 하는 독특한 도서관으로 구상해 볼 수도 있을 것이다.

반대로 시끌벅적하다는 뜻으로 '놀이터 같은 도서관'을 떠올릴 수도 있다. 실제로 싱가포르에는 한쪽 벽면이 통유리로 되어 있어 바깥의 축구장이 보이는 탬핀스 도서관이 있다. 역동적인 신체활동을 보면서 뇌까지 활발하게 만드는 특이한 도서관이다.

휴양지에 갈 때 책을 챙겨 가는 사람이 많은데, 아예 '휴양지 같은 도서관'을 만든다면 어떨까? 스웨덴에 실제로 그런 도서관이 있다. 시스타 도서관은 해먹을 설치해서 사람들이 자유롭게 책을 읽다가 잠들 수 있게 꾸며놓았다.

나는 소비자들의 호텔 경험을 개선하는 프로젝트를 진행한 적이 있다. 워커힐 호텔은 서울 도심에 있으면서도 멋진 자연 경관에 둘러싸여 있는, 매우 독특한 곳이다. 그런데 아쉽게도 자연 환경을 충분히 활용하고 있지 못했다. 산책로도 그중 하나였다. 호텔 주변의 산책로를 A코스 20분, B코스 30분, 이런 식으로 나열해서 소개할 뿐이었다. 평범한 산책 코스라면 그 정도 안내만으로도 나쁘지 않았겠지만 남다른 경관을 자랑하는 산책 코스였기에 아쉬웠다. 호텔을 이용하는 고객들에게 훌륭한 터치 포인트가 될 수 있었다.

그래서 '소풍 같은 산책 코스'라는 아이디어를 제안했다. 소풍은 운동이나 경주와 다르다. 놀면서, 쉬면서 시간을 보내는 것이다. 내비게이션에는 최단거리와 최소시간을 확인하는 옵션이 있다. 이때의 길이란 목적지에 빨리 도달하기 위한 도구인 것이다. 하지만 목적지를 위해 존재하는 길만 있는 건 아니다. 주변을 둘러보기 위해 천천히 걷는 길도 있다. 호텔에 묵으며 시간을 보낸다는 건 인생에 잠깐의 쉼표를 찍기 위함이기도 하다. 그래서 나는 산책로 중간중간에 잠시 쉬며 좋은 경치를 구경할 수 있도록 벤치도 놓고, 또 생각을 비우며 휴식할 수 있게 멍때리는 공간도 만들 것을 제안했다.

비유하기 : 소풍 같은 산책 코스

아이디어 : 놀면서, 쉬면서 걷는 산책로

호텔에서는 '소풍 같은 산책 코스' 아이디어를 숲 체험, 트래킹 프로그램 등으로 확대해서 실행했다. 소풍을 가듯이 즐겁고 여유로운 시간을 보내고 싶었던 호텔 이용객들에게 뜨거운 호응을 얻은 것은 물론이다.

가장 가벼울 때
몸무게를 재주는 체중계

비유를 하면서 아이디어를 내면 더 쉽고 구체적으로 생각을 확장시킬 수 있다. 문제는 '어떤 비유를 가져올 것인가'이다. 아이디어를 낼 대상의 속성을 파악하고 연상되는 단어들을 나열해서 연결하면 된다.

'체중계' 아이디어를 내면서 살펴보자. 체중계의 속성은 '밟다', '무게를 표시한다', '기분이 별로 안 좋다(몸무게를 재고 나면 누구나 그렇다)' 등이 있다. 이번에는 연상되는 단어들을 떠올려 보자. '밟다'는 '발자국', '눈', '낙엽' 이런 것들을 연상시킬 수 있다. 그럼 '발자국 같은 체중계', '낙엽을 밟는 것 같은 체중계', '눈 발자국이 남는 체중계' 이런 식으로 비유하며 상상할 수 있다.

'발자국 같은 체중계'로 아이디어를 내보자. '발자국 모양을 한 체중계', '발자국이 남는 체중계' 등을 떠올릴 수 있다. '발자국이 남는 체중계'로 생각을 계속 이어가 보자. 어떻게 하면 발자국이 남을까? '규조토 체중계'는 어떨까?

규조토는 수분을 빠르게 흡수하고 방출한다. 일반적인 천 재질의 발 매트보다 훨씬 빨리 마른다. 우리는 언제 체중을 잴까? 목욕 후에 발가벗은 채로 잰다. 그래야 조금이라도 몸무게가 덜 나

비유하기로 아이디어 내기

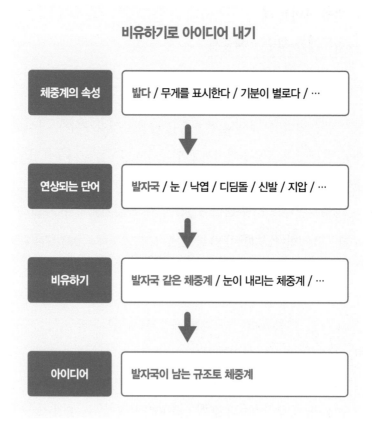

체중계의 속성	밟다 / 무게를 표시한다 / 기분이 별로다 / …
연상되는 단어	발자국 / 눈 / 낙엽 / 디딤돌 / 신발 / 지압 / …
비유하기	발자국 같은 체중계 / 눈이 내리는 체중계 / …
아이디어	발자국이 남는 규조토 체중계

올 테니 말이다. 그런데 목욕 직후에는 발이 젖어 있을 가능성이 크다. 규조토 체중계가 있다면 젖은 발도 닦고, 벗은 채로 체중도 잴 수 있을 것이다. 일석이조의 아이디어다.

더글라스 호프스태터Douglas Hofstadter와 에마뉘엘 상데Emmanuel Sander 교수는 『사고의 본질』이라는 책에서 비유와 유추를 인지의 핵심으로 정의한다. 그리고 이를 사고의 연료이자 불길이라고 칭했다. 비유는 새로운 사고로 도약하는 디딤돌인 셈이다. 유사성을 떠올리면서 생각을 차근차근 전개해 보자. 새로운 아이디어를 눈으로 보듯이, 보다 생생하게 연상할 수 있을 것이다.

공감을 이끄는
스토리의 탄생

사물 되기

요즘은 낡아 보이는 청바지도 패션이다. 그런데 '낡아 보이는' 청바지가 아니라 진짜로 낡은 청바지를 판매하는 곳이 있다. 바로 일본의 '오노미치 데님'이다. 이곳에서는 소비자가 새 상품을 사면 구입 시점을 스탬프로 찍어준다. 이후 청바지를 입다가 1년쯤 지나 모양이 잘 잡히면 오노미치 플래그숍에 내놓을 수 있는데, 이때 판매가의 70퍼센트 정도를 받을 수 있다.

1년이나 지난 헌 옷을 파는 구제 숍이니까 소비자 가격이 저렴할 것이라고 생각하면 오산이다. 이곳에서 판매되는 낡은 청바지

제품들은 새 제품보다 더 비싸다. 새 제품은 흔하지만 오노미치 데님처럼 시간이 축적된 옷은 한 벌밖에 없기 때문이다.

오노미치 데님에는 그 지역 사람들의 사연이 있다. 건설현장에서 일하는 사람이 입던 청바지는 무릎도 나와 있고 흙 자국이나 페인팅 자국도 있다. 멧돼지 사냥꾼의 청바지에는 혈흔이 묻어 있고, 어부의 청바지는 장화를 신고 벗기 좋게 모양이 잡혀 있다. 삶의 흔적이 고스란히 새겨져 그 사람만의 스토리가 청바지에 온전히 담긴 것이다. 오노미치 데님은 헐값에 넘기는 구제품이 아니라 한 사람의 인생과 스토리가 담긴 청바지를 판다. 그래서 이를 '위탁 판매'라 부르지 않고 '다른 사람에게 연결한다'라고 표현한다.

이 아이디어는 해외의 저가 청바지 때문에 지역 공장들이 문을 닫자 위기를 타개하기 위해 시작한 프로젝트였다. 청바지는 입는 사람에 따라 색깔, 모양 등이 바뀐다는 점에 착안해 오노미치에 사는 주민들과 이뤄낸 아이디어다.

그렇다면 새 주인을 만난 청바지는 그 이후에 어떻게 될까? 오노미치 데님은 이러한 질문에서 출발해 새로운 프로젝트를 론칭했다. 새 주인을 만난 청바지가 어떤 스토리를 만들어내는지 그 여정을 따라가며 공유한 것이다. 농부의 청바지를 고등학생이 입고, 어부의 청바지를 관광객이 입으면서 청바지는 사람과 사람을 연결하는 매개체가 되었다. 청바지의 이 흥미로운 스토리는 전국 각지에서 사람들을 불러들였다.

오노미치 데님은 청바지의 관점에서 시작된 아이디어다. 멧돼지 사냥꾼의 청바지는 어떤 일들을 겪을지 상상하다 보면 자연스럽게 재미있는 스토리가 만들어진다.

하늘을 날아다니는
펭귄 동물원

오노미치 데님 프로젝트는 사람의 관점이 아니라 청바지의 관점에서 시작된 아이디어다. '건설현장에서 일하는 사람의 청바지는 어떤 모습으로 살아갈까? 멧돼지 사냥꾼의 청바지라면? 어부의 청바지라면?' 이렇게 상상하면서 특별한 구제 숍 아이디어를 구상해 낸 것이다.

사물의 시선으로 세상을 바라보면 특별한 이야기들을 좀 더 재미있게 끌어낼 수 있다. 내가 만약 곰인형이라면, 전화기라면, 컵이라면, 옷장이라면 등 직접 사물이 되었다고 상상하고 그 사물에게 중요한 게 무엇인지 그 사물의 관점에서 세상을 바라보면서 아이디어를 얻는 것이다.

이 방법은 우리에게 매우 익숙하다. 누군가가 특별히 가르쳐 주지 않아도 모두 어린 시절에는 사물 되기의 달인이다. 아이들이 처음 세상과 소통할 때를 생각해 보라. 꽃도, 나비도, 동물도, 장난감도, 모두 말도 하고 생각도 하는 친구다. 사물에 감정을 이입하기도 한다. 내가 슬프면 장난감도 슬퍼한다. 우리는 분명 사물들이 말을 거는 소리를 들을 수 있었다. 성인이 되면서 점점 그 능력을 잃었을 뿐이다. 우리가 할 일은 다시금 그 기억을 되살리는 것이다.

사물이 되어 본다는 건 사물을 의인화해서 사람처럼 생각한다고 가정하는 것이다. 사람이 된다는 건 어떤 의미일까? 사람은 감정의 동물이다. 기쁨, 슬픔, 분노, 괴로움 등의 감정을 느낀다. 무언가를 좋아하거나 싫어하기도 하고 무언가가 되기를 희망하다가 절망하기도 한다.

예를 들어 '펭귄'이 된다고 상상해 보자(편의상 사람 외의 대상은 사물로 분류했다). 펭귄은 '생선을 좋아한다', '추위를 즐긴다', '어둠을 싫어한다', '하늘을 날고 싶다' 등을 떠올릴 수 있다. 그중 '하늘을 날고 싶다'를 '자유자재로 날아다니는 펭귄'으로 발전시켜 질문을 던져보자. 어떻게 펭귄이 날 수 있을까? 펭귄을 훈련시켜야 할까?

일본의 아사히야마 동물원에서는 펭귄이 날아다니는 수족관이 있다. 펭귄이 수영하는 수족관 아래로 관람객이 지나다닐 수 있는 터널을 만들어 마치 펭귄이 날아다니는 것처럼 보이게 한 것이다. 동물원 관리자의 관점에서만 상상했다면 만들어지기 어려웠을 아이디어다.

사물이 되기 : 내가 펭귄이라면 하늘을 날고 싶다

아이디어 : 하늘을 날듯이 수족관을 헤엄치는 펭귄을 볼 수 있는 동물원

일본 아사히야마 동물원의 펭귄 수족관 아래서 바라본 모습. 마치 펭귄이 하늘을
나는 것처럼 보인다.

내가 만약
인덕션이라면

세탁기, 식기세척기 등 가전제품이 된다고 상상하면 어떤 아이디어가 나올까? 삼성전자의 '스마트 홈 라이프Smart Home Life' 프로젝트는 가전제품을 인터넷으로 원격 제어하는 사물인터넷IoT 기술을 활용하기 위해 시작되었다. 삼성전자는 '스마트싱스SmartThings'라는 플랫폼을 보유하고 있는데, 이 플랫폼을 활용하는 스마트 홈 아이디어를 도출하기 위해 사물이 되기 엔진을 사용했다.

사물들이 인터넷으로 연결된다는 것은 무엇을 의미할까? 인터넷에 연결되면 서로 데이터를 주고받을 수 있고, 이 데이터를 클라우드에 계속 쌓아 올리면 인공지능으로 발전시킬 수 있다. 지능이 있다는 것은 사물이 사람처럼 행동한다는 뜻이다. '냉장고가 사람이라면 누구에게 무엇을 말하려고 할까? 오븐이 사람이라면 식기 세척기에게 무슨 말을 걸까? 세탁기가 사람이라면 건조기에게 무슨 말을 걸까?' 이렇게 가전제품들을 사람이라고 가정하고 생각을 전개했다.

처음에는 어색했지만 이내 스토리가 연결되었다. 소비자가 요리를 시작하면 인덕션이 후드에게 "나 요리 시작하니까 너도 준비해"라고 말을 건다. 인덕션이 실행되면 자동으로 후드가 켜지는 것이다. 주방의 공기 질을 실시간으로 체크하던 공기청정기는 "좀 심각한 상태군. 이번에 내가 나서야겠어" 하며 작동한다. 이렇게 해서 완성된 가전제품 통합 관리 아이디어는 '스마트싱스 홈 라이프 시스템'으로 론칭되었다.

사물의 입장에서 좋아하는 것, 싫어하는 것, 슬픈 것, 화나는 것 등을 상상하다 보면 미처 생각하지 못했던 아이디어뿐만 아니라 쉽게 공감할 수 있는 강력한 스토리가 만들어진다. 그래서 사물 되기 엔진은 광고나 프로모션 아이디어를 낼 때 특히 유용하다. 의인화를 통해 풍부한 스토리가 만들어지고, 그 스토리를 계속 확장시켜 나갈 수 있기 때문이다.

'나'일 때는
알 수 없는 것들

다른 사람 되기

여기 26세 여성 노인이 있다. 26세인데 어떻게 노인이라는 걸까? 3년이나 노인 분장을 하고 돌아다닌 퍼트리샤 무어 Patricia Moore의 이야기다. 그녀는 때로는 가난한 노숙자 차림으로, 때로는 귀부인 차림으로 분장을 하고 미국과 캐나다의 116개 도시를 다녔다. 대체 왜 그랬을까?

퍼트리샤 무어는 노인을 위한 제품을 디자인하는 디자이너다. 단순히 분장만 한 것이 아니라 인공적인 장치를 활용해 청력, 근력, 시력까지 모두 노인 수준으로 낮추고 지팡이와 보행기, 휠체

어를 활용해 불편한 움직임도 직접 경험했다. 그리고 그 경험을 바탕으로 노인을 위한 제품을 디자인했다.

물이 끓으면 삑삑 소리가 나는 주전자, 버스 단을 낮춘 저상버스, 손에 쥐기 쉬운 일자형 감자칼 같은 것들이 모두 그녀의 손을 거쳐 만들어진 것들이다. 이후 노인학을 전공한 무어는 나이가 들고 힘이 약해져도 누구나 편리하게 사용할 수 있는 '모두를 위한 디자인'이라는 개념의 '유니버설 디자인'을 창시한다.

어린이의 눈으로 본
어린이를 위한 놀이터

다른 사람의 눈으로 세상을 바라보면 '나'일 때 보이지 않던 것들이 보인다. 내가 만약 어린이라면, 소비자라면, 스티브 잡스라면 어떤 결정을 내릴지, 어떤 것에 우선순위를 둘지, 문제를 어떻게 바라볼지 상상하는 것이다. 내가 만약 건축가라면, 디자이너라면, 수학자라면, 시인이라면 어떨까?

나와 생각이 완전히 다른 사람들을 다양하게 만나는 것도 아이디어를 떠올리는 데 도움이 된다. 그런데 현실적으로 어렵다. 자리를 만드는 것도 쉽지 않을 뿐더러 생각이 완전히 다른 사람들끼리 모이면 싸움이 벌어지기 십상이기 때문이다. 오죽하면 "타인은

지옥이다"라고 하겠는가. 하지만 그 부딪침, 즉 마찰력이 바로 창의의 불쏘시개다. 서로 다른 배경에서 살아가는 사람들은 서로 다른 각도에서 문제를 바라본다. 그동안 보고 듣고 알게 된 것들이 다르기 때문에 생각의 차이가 생기는데, 그 사이에서 새로운 발상을 끄집어낼 수 있다.

다양한 사람을 한 번에 모을 수 없다면 잠시나마 다른 사람으로 빙의할 수 있다. 놀이터를 개선하는 '맘 편한 놀이터' 프로젝트 때 나는 내 어린 시절을 떠올리며 어린이에게 빙의했다. 롯데에서 후원하고 초록우산 어린이재단이 주관한 이 프로젝트는 전국 각지에 노후한 놀이터를 양육자와 아이를 위한 환경으로 개선하는 의미 있는 프로젝트였다. 나는 아이들과 함께 놀이터 아이디어를 도출하는 참여형 워크숍을 진행했다.

아이들과 워크숍을 해서 놀이터 아이디어를 도출한다고 하면, 아이들이 원하는 걸 그냥 듣고 받아 적기만 하면 된다고 생각할 수도 있다. 하지만 현실은 그렇지 않다. 아이들에게 어떤 놀이터에서 놀고 싶은지 물어보면 막상 '이런 건 안 돼', '저런 건 안 돼' 하면서 처음부터 제약을 두고 늘 보던 것들 위주로 말한다.

그래서 나는 내가 어린이가 되었다고 생각하고 질문했다. 일단 내가 아이라면 재미있어 할 만한 놀이터 사례들을 찾아서 보여 줬다. 거대한 고래 한 마리가 놀이터 중앙에 있어서 고래 뱃속으로 들어가거나 고래 등을 타고 놀 수 있는 고래 놀이터, 놀이터 자체가 거대한 그물 공간처럼 되어 있어서 그물을 잡고 오르락내리락할 수 있는 그물 놀이터 등……. 재미있는 사례들을 아이들에게 보여주면서 이야기를 나누었다.

지역마다 놀이터의 위치, 환경, 조건, 이용 행태가 다르기 때문에 그 지역의 아동으로 빙의해 보는 작업도 반드시 필요하다. 그래서 워크숍 전에 현장을 미리 방문하고 놀이터 주변에 무엇이 있는지 살폈다. 사전 작업을 통해 쌓은 정보를 가지고 아이들과 이야기를 나누니 생생한 대화가 가능했다. 놀이터 주변에 어떤 문제가 있고 무엇이 불편한지 스스럼없이 이야기를 나눴다.

이 프로젝트를 통해 경상남도 진해에 '벚꽃동산 개구리 놀이터'가 만들어졌다. 미끄럼틀 장식에 그려진 개구리 그림 때문에 아이들 사이에서 전부터 '개구리 놀이터'로 불리던 곳이었다. 놀이터 주변에는 유명한 벚꽃 터널이 있었다. 아이들이 좋아하는 '개구리'와 진해의 상징인 '벚꽃'을 조화롭게 만들자는 아이디어가 나왔다. 그래서 바닥에 개구리밥을 그린 연못 복합 그네와 봄 개구리 게이트 등을 설치했다. 그렇게 진해 여좌동의 놀이터는 아이들도 좋아하고 진해의 특징도 잘 보여주는 테마 놀이터로 탈바꿈했다.

아이가 되기 : 동네 아이들 사이에서 '개구리 놀이터'라고 불리는 놀이터

옷을 막 던져도
잘 걸리는 옷걸이

다른 사람의 시선에서 생각을 전개하려면 일단 어린이가 될지, 스티브 잡스가 될지, 패션 디자이너가 될지, 건축가가 될지 선택하고 그 인물이 어떤 걸 좋아하고 싫어할지 묘사해야 한다. 스티브 잡스라면 '심플한 걸 좋아한다'라고 할 수 있고, 아이라면 '공룡을 좋아한다'라고 묘사할 수 있다. 성격이나 선호를 나열하는 것이다.

'옷걸이'로 아이디어를 내보자. 옷걸이 아이디어에는 어떤 인물이 적합할까? 패션 디자이너? 가구 디자이너? 권투 선수? 새로운 접근을 위해 중학교 2학년이 되어 보자.

'중2'의 특징에는 어떤 것들이 있을까? '자신은 남과 다르다고 생각한다', '뭐든지 마구 던진다', '자신을 만화 속 주인공이라고 생각한다' 등이 있다. '던지기를 좋아한다'를 옷걸이에 연결시키면 '던지는 옷걸이'가 된다. 말랑말랑한 고무로 되어 있어서 막 던져도 절대로 깨지지 않는 옷걸이를 상상할 수 있다. 또는 옷을 막 던져도 잘 걸리는 옷걸이는 어떨까?

실제로 이런 옷걸이가 있다. 이탈리아 디자인 그룹 파울라Paula에서 디자인한 옷걸이 워드롬Wardrom이다. 납작한 판에 여러 개의 짧은 원뿔이 달려 있는 형태여서 옷을 아무렇게나 던져도 쉽게 걸린다.

주제 : 옷걸이

중2가 되기 : 뭐든지 마구 던진다

아이디어 : 옷을 막 던져도 잘 걸리는 옷걸이

옷걸이는 옷을 정리하는 용도이기 때문에 '수납이 잘되어야 한다', '예뻐야 한다' 이런 생각이 먼저 떠오를 것이다. 그런데 꼭 그럴 필요는 없다.

어떤 사물을 더 이상 다르게 볼 방법이 떠오르지 않는다면 '나'를 버리고 다른 사람이 되어 보자. '옷을 막 던져도 잘 걸리는 옷걸이'처럼 나 자신일 때엔 상상할 수 없는, 재미있는 아이디어를 떠올릴 수 있다.

감각은 기억에 각인된다

오감 연결하기

　기업에서는 주력 상품을 어필하는 동시에 브랜드를 강화하기 위해 플래그십 스토어를 연다. 한마디로 브랜드의 대표적인 상품들을 보여주는 것이다. 나는 청담동 한복판에 자리 잡을 기아자동차 플래그십 스토어 아이디어 컨설팅을 의뢰받고 '대표적인 상품들'을 어떻게 보여줄지 고민했다. 제일 잘나가는 자동차들을 쭉 깔아놓으면 되는 걸까? 매장을 방문한 사람들이 오랫동안 기아자동차를 기억하게 하려면 어떻게 해야 할까?

　일단 공간에 대한 3가지 원칙을 세웠다. 자동차 매장의 가장 큰 문제는 사람들이 쉽게 방문하지 않는다는 것이다. 그래서 첫 번째 원칙을 '누구나 부담 없이 방문할 수 있는 공간'으로 정했다. 그리고 둘째, 새로운 체험을 할 수 있는 놀라운 공간으로, 셋째, 또 방문하고 싶은 공간으로 만들자고 다짐했다.

이 3가지 원칙 아래 '자동차와 함께하는 다양한 라이프 스타일을 체험하다'라는 콘셉트로 아이디어를 만들어가기 시작했다. 일반적으로 자동차 매장에서 시승할 때 사람들은 승차감이나 실내 인테리어 정도만 보게 되는데, 나는 VR 기술을 활용해 마치 밖에서 차를 타는 듯한 경험을 할 수 있게 구상했다. 건물 뒤편의 비밀스러운 정원에는 SUV 차량을 세워두어 캠핑장에 온 것 같은 분위기를 만들자고 제안했다.

자동차 자재를 재활용한 물품과 차량용 가습기, 스피커, 향수 등을 판매하는 라이프 스타일 숍도 제안했다. 차 구매에 관심 있는 고객들에게는 살롱에서 이야기를 나누는 듯한 고급스러운 경험을 제공하기 위해 '기아 살롱'이라는 공간을 두었다.

이렇게 만들어진 기아자동차 플래그십 스토어 '비트 360'은 보고 듣고 만지고 냄새 맡고 맛보며 총체적인 감각을 경험하는 공간으로 사람들에게 각인되었다. 방문객들의 입소문 덕에 비트 360은 온갖 명품이 즐비한 청담동 한복판에서 또 가고 싶은 공간으로 입소문이 났다.

감각적인 경험은
오래 기억된다

'팝 록스Pop Rocks'는 입 안에서 톡톡 튀어 재미난 촉각을 느끼게 하는 사탕이다. 1956년 제너럴 푸드의 화학자 윌리엄 미첼William A. Mitchell이 기존의 사탕 재료에 이산화탄소 물질을 첨가해서 만들었다. 슬로건은 '폭발을 즐기세요Taste the explosion!'이 재미있는 사탕은 오늘날까지도 사람들에게 사랑받고 있다.

미국에서 7월 셋째 주 일요일은 국가에서 지정한 아이스크림의 날이다. 흥미롭게도 자동차 회사인 포드는 이날 아이스크림 회사인 쿨하우스Coolhaus와 컬래버레이션해 '오렌지 퓨리'라는 상품을 내놓았다. 포드의 머스탱 색깔인 오렌지 컬러를 입힌 오렌지 맛 아이스크림이다. 맛과 멋을 연결시킨 아이디어로, 팝 록스처럼 여러 감각을 동시에 자극하며 소비자들의 기억 속에 각인되었다.

오감을 활용해 소비자들에게 독특한 경험을 제공하는 전략을 가장 잘 활용하는 기업은 비누 브랜드로 유명한 러쉬Lush다. 향긋한 향기를 맡으며 매장에 들어가면 빠른 비트의 음악이 강렬한 인상을 남긴다. 비누들은 현란한 색상을 자랑한다. 겉 포장이 따로 없어서 제품의 촉감을 확인할 수 있다. 구매하는 방식도 특이하다. 비누를 사고 싶다고 요청하면 직원이 커다란 비누를 도마 위에 올려놓고 구입할 만큼만 썰어 준다.

러쉬 매장은 오감을 자극하기로 유명하다. 한번 매장을 방문한 사람들은 그 강렬한 느낌을 또렷이 기억한다. 이렇게 여러 감각을 골고루 활용하면 훨씬 깊은 인상을 남길 수 있다. 감각은 기억과 연관성이 매우 높기 때문이다.

여러 개의 감각이 겹쳐지면 개별 감각은 더욱 증폭된다. 인도 카레 식당에서는 한국 음악을 들을 때보다 인도 음악을 들을 때 카레 맛이 더 풍성하게 느껴진다. 청각이 미각을 증폭시키는 것이다. 그래서 소비자 경험을 설계할 때는 우선 오감을 어떻게 배치할지 고민한다. 그다음 개별 감각을 어떻게 드러내고 서로 다른 감각을 어떻게 연결시킬지 체계적으로 구조화한다.

말랑말랑한 서점, 초록색 화요일

오감을 연결하기 위해 '서점'과 '촉각'으로 한번 아이디어를 내보자. '말랑말랑하다', '질퍽하다', '딱딱하다' 등을 떠올릴 수 있다. 그중 '말랑말랑하다'를 '서점'과 연결시키면 '말랑말랑한 서점'이 된다.

대체 어떻게 해야 서점이 말랑말랑할 수 있을까? 진열대와 책장을 말랑말랑한 소재로 만들면 어떨까? 또는 제목에 '말랑말랑'이 들어간 책들을 모아놓으면 어떨까? 말랑말랑한 장갑을 책에 끼워서 주는 서점은 어떨까?

키워드 : 서점

촉각을 연결하기 : 말랑말랑하다

아이디어 : 말랑말랑한 책장에 책이 꽂혀 있는 서점

오감을 연결한다는 건 결코 쉬운 일은 아니다. 물론 선천적으로 공감각을 느끼도록 태어난 사람들도 있다. 일반적인 사람들은 피아노 소리를 들을 때 청각만 활용하는데 공감각을 사용하는 이들은 색깔까지 본다. 전 세계에서 4퍼센트 정도 존재한다고 한다. 이들은 날 때부터 감각기관들이 연결되어 있어서 솔 음을 들으면 파란색이 보이고 파 음을 들으면 노란색이 보이는 식으로 공감각을 느낀다.

화요일은 무슨 색깔일까? 정해진 답은 없다. 그냥 화요일의 느낌을 색깔로 떠올리면 된다. 사랑을 만지면 어떤 느낌일까? 행복은 어떤 맛일까? 감각을 다양하게 연결해 보자. 아이디어를 낼 대상을 좀 더 다채롭게 느끼며 상상할 수 있을 것이다.

수렴적 사고에 익숙한 우리의 뇌는 발산하는 사고를 잘하지 못

한다. 이는 사회적인 분위기도 한몫한다. 많은 사람이 창의적인 사고의 중요성을 강조하지만 정작 창의적으로 생각하는 과정은 답답하게 여기는 경향이 있다. 이성적이고 논리적으로 사고하는 사람에게는 똑똑하다고 칭찬하지만 비논리적이고 비약적인 사고를 칭찬하는 사람을 치켜세우는 경우는 드물다. 그러다 보니 발산적으로 사고를 하더라도 입 밖으로 잘 꺼내지 않게 된다. 그렇게 되면 어느새 생각조차 하지 않게 된다.

13개의 아이디어 엔진은 일상화된 반복적 사고에서 빠져나올 수 있도록 도와준다. 브레인 피트니스로 뇌의 모드를 바꿔주는 것이다. 4부에서는 이 아이디어 엔진을 활용해 떠올린 혁신적 아이디어를 비즈니스로 가시화하는 방법에 대해 이야기할 것이다. 구체적으로 실전에서 어떻게 적용할 수 있는지 살펴보자.

고객의 문제를 해결하는
아이디어 불패의 기술

| 킬러 아이디어를 도출하는 6단계 |

Killer
Thinking

생각은 어떻게
비즈니스가 되는가

나는 아이디어 컨설팅을 통해 기업이나 공공기관에 새로운 아이디어를 제공한다. 처음에는 주로 제품 혁신 아이디어를 발굴하고 콘셉트를 만들었다. 가전제품부터 술까지 제품의 종류는 다양했고, 프로젝트를 접근하는 방식도 달랐다. 그래서 프로젝트를 할 때마다 새로운 프레임워크를 짰다. 어떻게 하면 더 잘할 수 있을지 고민했다.

그러다가 제품뿐만 아니라 서비스 혁신을 의뢰하고 싶다는 회사들이 생겼다. 서비스는 눈에 직접적으로 보이지 않기 때문에 제품보다 난이도가 높다. 나는 서비스 혁신에 맞는 프레임워크를 설계해 아이디어를 만들어냈다.

그렇게 서비스 혁신 아이디어를 컨설팅하고 나니 비즈니스 모델을 혁신하고 싶다는 의뢰가 들어왔고, 제품이나 서비스가 어우러진 공간의 새로운 경험 아이디어를 필요로 하는 곳들도 생겼다. 제품에서 시작한 아이디어 도출법은 서비스, 공간, 경험으로 계속 확장되어 갔다.

이렇게 확장할 수 있었던 건 영역이 달라도 아이디어를 도출하는 원리는 같기 때문이었다. 다양한 분야의 아이디어를 떠올리면서 창의적 사고의 과정과 원리를 보다 깊이 이해하게 되었다. 영역별로 응용할 수 있게 되었고 '잘했다', '못했다'를 판단하는 단계가 되었다. 이 과정을 통해 킬러 아이디어 도출하는 방법을 체계화했다.

킬러 아이디어를
도출하는 6단계

아이디어라는 것은 자다가 번쩍, 길 가다가 뚝딱 하고 나온다고 생각하는 사람들이 있다. 결코 그렇지 않다. 특히 비즈니스 아이디어를 도출하는 과정은 매우 체계적으로 이뤄진다. 소비자가 무엇을 불편해하는지 알아내고 진짜 문제를 해결할 방법을 만들어야 한다.

나는 문제의 본질을 제대로 파악하고 소비자에게 진한 감동을 주는 솔루션을 체계적으로 떠올리기 위해 프레임워크를 다음과 같이 6단계로 정리했다.

이 6단계를 꼭 순차적으로 진행해야 하는 것은 아니다. 같은 단

킬러 아이디어를 도출하는 6단계

1단계	키워드 설정하기
2단계	인풋으로 진짜 문제 찾기
3단계	인풋에 대해 질문하기
4단계	질문에 답하면서 상상하기
5단계	상상을 구체화하기
6단계	검증하고 설득하기

계를 반복할 수도 있고 한두 단계를 건너뛸 수도 있다. 하지만 처음에는 순차적으로 밟아나가기를 권한다. 아이디어가 만들어지는 과정을 체계적으로 익히기 위해서다.

4부에서는 이 프레임워크에 대해 자세히 설명할 것이다. 결과를 알면 사고의 과정이 쉽게 이해되므로 대중적으로 가장 많이 알려진 LG스타일러를 예시로 삼았다. 이를 통해 킬러 아이디어가 어떻게 만들어지는지 함께 살펴보자.

1단계
키워드 설정하기

아이디어를 내려면 가장 먼저 '무엇'에 대한 것인지 키워드부터 골라야 한다. 아이디어의 북극성을 만드는 거라고 볼 수 있다. 밝게 빛나는 북극성만 있으면 어두운 바다 한가운데에서도 항해사들은 길을 잃지 않는다.

키워드를 뽑는 것도 같은 원리다. 무엇에 대한 아이디어인지, 대체 왜 그 아이디어를 내야 하는지 목적이 분명하면 길을 헤매지 않을 수 있다.

키워드를 설정하는 방법은 4가지다. 첫째, 목적과 목표를 구분하기, 둘째, 범위를 설정하기, 셋째, 문제에서 출발하기, 넷째, 무엇이든 제약을 두기다.

키워드 설정 1
....
목적과 목표를 구분하자
....

첫째, 아이디어를 내는 목적과 목표를 구분해야 한다. 목적은 실행하는 이유고, 목표는 목적을 실현하는 정량적인 지표다. 예를 들어 건강을 위해 체중을 5킬로그램 감량한다면, 목적은 '체중 감량'이고 목표는 '5킬로그램 감량'이다.

목적 : 하고자 하는 것에 대한 이유(예시: 체중 감량)

목표 : 정량적인 지표(예시: 5킬로그램 감량)

목적을 키워드로 설정해 '체중 감량 아이디어'라고 할 수도 있고, 목표를 키워드로 가져와서 '5킬로그램 감량 아이디어'라고 할 수도 있다. 그런데 목표를 키워드로 설정할 때는 주의해야 한다. 키워드가 구체적이면 아이디어도 구체적이어서 좋을 것 같지만 아이디어를 내는 초기 단계에서는 생각의 폭이 좁아질 수 있기 때문이다.

아이디어를 도출하려면 발산적 사고부터 해야 한다. 발산적 사고를 통해 수많은 아이디어를 도출한 뒤 나중에 유의미한 것들을 골라내야 한다. 처음부터 엄격한 기준을 세우고 잘라낼 필요는 없다. 그런데 목표를 키워드로 삼으면 생각의 폭이 좁아진다. 목표인 5킬로그램 감량 대신 목적인 '체중 감량'을 키워드로 삼으면 체중 감량 아이디어를 자유롭게 나열한 뒤에 그중에서 5킬로그램 감량, 1킬로그램 감량, 10킬로그램 감량 아이디어를 골라낼 수 있다. 그래서 목표보다는 목적을 활용하는 것이 좋다.

하지만 목적을 그대로 키워드로 옮겼을 때도 어려움에 부딪힐 수 있다. 목적은 '인류의 행복을 위해서'처럼 추상적이고 모호한 경우가 많다. 이때 목적을 그대로 키워드로 쓰면 '인류를 행복하게 할 아이디어'처럼 똑같이 모호해진다. 조금 더 구체적으로 떠올릴 수 있는 키워드로 바꾸는 것이 좋다.

키워드 설정 2
범위를 설정하자

키워드의 범위를 설정하면 아이디어를 전개하기가 쉽다. 스타일러 아이디어의 처음 주제는 미래 가전이었다. 하지만 '미래 가전 아이디어'는 너무 범위가 넓어서 아이디어를 떠올리기가 어려웠다. 그래서 '요리 가전', '공조 가전', '의류 가전', '헬스 가전'처럼 좀 더 작은 단위로 좁혀서 닻을 내렸다.

그럼 범위는 어느 정도로 좁혀야 할까? 절대적인 기준은 없다. 키워드에 대한 배경지식이나 자료 조사한 데이터의 양과 질에 따라 달라지기 때문이다. 만약 배경지식이 풍부하고 이미 많은 정보를 가지고 있다면 키워드가 구체적일수록 아이디어를 내기가 수월할 것이다.

범위 1 : 미래의 가전

범위 2 : 미래의 의류 가전

질문을 통해 깊이 파고들수록 아이디어는 많아진다. 그렇다면 키워드의 범위를 완전히 좁히는 게 좋을까? 잘 모르거나 피상적으로 알고 있는 분야라면 키워드가 너무 좁을 경우 생각까지 좁아질 수 있다. 낯선 주제로 아이디어를 만들어야 한다면, 키워드를 설정하기 전에 그 분야에 대해 폭넓게 찾아보면서 주제부터 이해하자.

키워드 설정 3
문제에서 키워드를 뽑자

소비자가 처한 문제 상황에서 키워드를 뽑으면 창의적인 솔루션을 떠올리기에 유용하다. 우리는 어떤 때 문제라고 느낄까? 자신이 원하는 것과 실제 현실에 차이가 있을 때 문제 상황이라고 느낀다. 즉, 문제란 이상과 현실의 차이다. 자신이 바라는 이상적인 상태와 현실에 차이가 없다면 문제는 존재하지 않는다. 깨끗한 방을 원하는 사람에게 더러운 방은 문제 상황이다. 하지만 더러워도 개의치 않는 사람에게는 문제가 안 된다.

반복적으로 부딪히는 문제는 경험에서 해결책을 찾는다. 잠을 못 자서 문제라면 목욕을 하거나 따뜻한 우유를 마시거나 수면제를 먹는 등 기존에 했던 방법 중 효과가 있었던 해결책을 고르면 된다. 그런데 한 번도 경험하지 못한 새로운 유형의 문제는 과거의 경험으로 해결할 수 없다. 그래서 새로운 해법, 즉 창의적인 아이디어가 필요하다.

예를 들어보자. 어느 자동차 회사에서 오랜 연구 끝에 신차를 출시한다. 다행히 론칭하자마자 사람들의 관심을 받으며 인기를 끈다. 그런데 차를 사려는 사람이 한꺼번에 몰려 물량이 부족해진다. 출고 대기 기간이 10개월이다. 소비자들의 불만이 가득하다. 물건을 사고도 바로 받지 못하니 명백히 문제 상황이다. 이때 문제를 해결할 아이디어를 찾는다면 키워드를 '소비자들이 기다리지 않아도 되는 신차 아이디어'로 잡을 수 있다.

문제 상황 : 신차 배송이 늦어져 소비자들의 불만이 가득하다

키워드 : 소비자들이 안 기다려도 되는 신차 아이디어

이처럼 문제 상황에서 키워드를 뽑아서 아이디어를 도출하면 키워드 설정 단계에서부터 좀 더 고객 친화적인 생각을 떠올릴 수 있다.

키워드 설정 4
무엇이든 제약을 두자

흔히 아이디어를 낼 때 '아무런 제한 없이', '마음껏'이라는 전제 조건을 단다. 제약을 하면 상상의 폭이 좁아질까 봐 걱정하는 것이다. 하지만 제약이 없으면 오히려 아이디어는 잘 안 떠오른다. 구체적인 상황이 있어야만 생각을 전개하기가 쉽기 때문이다. 그래서 제약을 두어야 한다.

예를 들어 '의류 가전 아이디어'보다는 '의류 관리 가전 아이디어'일 때 해결책을 떠올리기가 쉽다. '의류 관리'로 기능을 제한하면 '어떻게 관리를 해야 할까? 언제 관리할까? 어디에서 관리할까?'와 같이 구체적인 질문을 던지면서 아이디어를 만들어갈 수 있다.

제약 없는 키워드 : **의류 가전 아이디어**

제약 있는 키워드 : **의류 관리 가전 아이디어**

모든 가능성을 열어두면 아이디어를 미리 잘라내지 않겠다는 의도와는 달리 시작조차 못하는 불상사를 초래할 수 있다. 질문이 떠오르도록 조건을 제한하자.

2단계
인풋으로
진짜 문제 찾기

키워드를 정했다면 인풋으로 두꺼운 데이터를 쌓자. 해당 키워드에 관해서 현재 어떤 일이 일어나고 있는지, 어떤 문제가 있고 어떤 해결책이 나와 있는지 등을 조사하자. 뉴스나 다큐멘터리를 참고해도 좋고 책을 읽거나 강의를 듣는 것도 좋다. 현장을 방문해 문제 상황을 파악하고 소비자를 심층적으로 인터뷰하며 두꺼운 데이터를 쌓을 수도 있다. 가능한 한 다양한 인풋을 많이 쌓는 것이 중요하다.

소비자의 진짜 문제를 발견하는
가장 효과적인 인풋

스타일러 아이디어를 도출할 때는 특히 현장에 방문해 인풋을 쌓았다. 흔히들 조사라고 하면 사람들이 세탁기를 일주일에 몇 번 쓰고 한 번 사용할 때 얼마 동안 사용하는지 등 사용usage 데이터만 나열한다.

이를 통해 사람들이 세탁기를 이용하는 현황은 알 수 있지만 세탁을 둘러싼 맥락, 즉 실제로 세탁기를 이용하는 상황을 보기는 어렵다. 인사이트를 얻으려면 세탁기를 볼 것이 아니라 사람들이 어떻게 세탁을 하고 있는지를 파악해야 한다.

예전에 세탁기는 집 안의 한구석에 있었다. 잘 보이지 않는 다용도실, 베란다 또는 화장실에 있었다. 그런데 드럼 세탁기가 등장하면서 주방으로 세탁기가 나오는 경우가 생겼다. 주방에 세탁기라니 처음에는 좀 뜬금없게 느껴졌지만 생김새가 예쁜 가전이라 거부감 없이 받아들여졌다. 그 무렵 밋밋한 세탁기에 멋진 디자인이 입혀지기 시작했다.

그러다 침실 옆에 드레스 룸이 생겼고, 사람들은 침실-드레스룸-화장실로 이어지는 구조에 익숙해졌다. 집에 오면 침실에 붙은 드레스 룸에서 옷을 갈아입고 화장실에서 샤워를 했다. 그런데도 세탁기는 여전히 다용도실이나 베란다, 주방에 있어서 빨래를 들고 멀리 이동해야 했다.

이처럼 가정집을 방문해 행동 패턴을 가만히 살펴보니 소비자의 불편함이 눈에 보였다.

소비자가 원하는 건
세탁기가 아니라 깨끗한 옷

세탁 세제의 변화도 눈에 띄었다. 드럼 세탁기가 나오면서 액상형, 가루형 등으로 세분화되기 시작한 세제는 이제 유아용, 속옷용, 아웃도어용, 실크용, 홈 드라이클리닝용 등으로 더욱 다양해졌다.

섬유유연제도 단순히 옷감을 부드럽게 하는 것뿐만 아니라 광택을 되살리는 광유연제 등으로 엄청나게 세분화되었다. 그만큼 옷감의 종류도 다양해졌고, 소비자들도 옷감별로 섬세하게 관리한다는 뜻이다.

그런데 겉옷이나 고급 소재의 옷들은 매번 세탁하기가 어려워 관리하기가 까다로웠다. 그러자 어떤 이들은 현관에 겉옷을 걸어두기 시작했다. 냄새나는 겉옷을 안에 들이기도 싫고 매번 세탁할 수도 없으니 현관에 빼둔 것이다. 소비자가 겪고 있는 어려움을 그대로 보여주는 광경이었다.

나는 두꺼운 데이터를 쌓은 결과 소비자가 겪고 있는 진짜 문제는 세탁기와 드레스 룸의 거리나 세탁기의 새로운 기능이 아니라, 물세탁 외에는 청결하게 옷을 관리할 방법이 없어서 생기는 불편함이라는 것을 알았다. 세탁기의 사용 빈도만 조사했으면 몰랐을 사실이었다.

드릴을 구매하는 소비자가 원하는 것은 벽에 구멍을 뚫는 것이

두꺼운 데이터로 진짜 문제 찾기

소비자 관찰하기

침실 옆의 드레스 룸에서 옷을 갈아입고 화장실에서 샤워한다

소비자의 불편함

세탁기가 다용도실에 있어서 옷을 들고 멀리 이동해야 한다

소비자의 진짜 문제

물세탁 외에는 청결하게 옷을 관리할 방법이 없다

지 드릴 그 자체가 아니다. 총이든 드릴이든 망치든 구멍을 쉽게 뚫을 최선의 방법이 있다면 소비자는 그것을 선택하기 마련이다. 이처럼 소비자의 진짜 문제를 파악하고 새로운 솔루션을 제공하려면 데이터를 많이 쌓아야 한다.

인풋은 어디서든 얻을 수 있다

예전에 회사 직원들에게 소파에 관한 아이디어를 내라는 미션을 주고 무작정 거리로 내보낸 적이 있다. 카메라를 들고 나가서 일단 뭐든지 찍어 오라고 했다.

한 직원은 쓰레기 사진을 잔뜩 찍어 왔다. 쓰레기통 위에 버려진 음료수병, 버스 정류장 의자 사이에 끼워진 쓰레기, 틈 사이에 끼운 음료수병이 찍힌 사진들이었다. 그 직원은 "사람들은 정말 끼우는 것을 좋아하는 것 같다"면서 사진들을 소개했다.

그때 누군가가 "담요를 끼웠다 뺐다 하는 소파를 만들면 어떨까?"라는 아이디어를 냈다. 겨울철 소파 위에 널브러져 있는 담요를 끼웠다 뺐다 하며 정리할 수 있는 소파 아이디어였다. 꽤나 편리할 것 같았다.

소파 아이디어를 내기 위해서 밀라노 가구 트렌드를 살펴볼 수도 있다. 하지만 우리는 쓰레기에서 아이디어를 얻었다. 인풋은 어디서든 얻을 수 있다. 미용실에서 보는 패션 잡지도, TV에 나오는 광고도, 길에 버려진 쓰레기도 허투루 보지 말아야 하는 까닭이다. 사람들의 모습을 관찰하는 것도 좋은 인풋이 된다. 생각의 재료가 많이 쌓여야 다양하게 상상할 수 있다.

3단계
인풋에 대해
질문하기

질문을 하면 뇌는 반사적으로 답을 찾으려고 노력한다. "이순신이 만든 배는?" 이렇게 질문을 받은 사람은 반사적으로 '거북선'을 떠올리게 되어 있다.

질문은 아이디어라는 답을 찾는 데 필요한 빛이다. 어둠 속에서는 아무것도 볼 수 없지만 빛이 있으면 주변에 무엇이 있는지 알 수 있다. 앞서 이야기한 것처럼 질문에는 호기심을 불러일으키는 마법이 있다. 스스로 떠올린 질문에 대해서 사람들은 자동 반사적으로 풀고 싶어 한다. 비록 내가 풀지 못한다면 풀 수 있는 사람이라도 만나고 싶어 한다.

질문을 던져서 반사적으로 떠오른 생각들을 따라가자. 꼬리에 꼬리를 물고 따라가다 보면 새로운 아이디어가 감자 줄기 캐듯 줄줄이 따라 나오는 경험을 하게 된다.

정답을 생각하지 말고
일단 질문하자

스타일러의 경우 인풋에 대해 다음과 같은 질문들을 던졌다. 세탁기가 점점 가시적인 생활공간으로 들어오기 시작했는데, 미래에는 세탁기를 어디에 두고 쓸까? 세탁 세제가 다양하게 나오는데, 모든 의류에 사용할 수 있는 세제는 없을까? 겉옷을 밖에 두는 사람들이 생겼는데, 그렇게 해서 냄새가 빠질까? 이처럼 인풋에 대해 질문을 던지자 어떤 솔루션을 상상해야 하는지 방향이 잡혔다.

인풋 : 화장실, 다용도실, 베란다 등 세탁기가 점점 가시적인 생활공간으로 들어오기 시작했다.

질문 : 미래에는 세탁기를 어디에 두고 쓸까? 옷을 벗고 입는 드레스 룸에 두면 어떨까? 여전히 다용도실이나 베란다가 맞을까?

인풋 : 의류 소재가 다양해진 만큼 세탁 세제도 다양하게 나오고 있다.

질문 : 다양한 의류에 모두 사용할 수 있는 세탁 세제는 없을까? 세제 없이 세탁할 수 있을까? 세탁기의 기능만 이용해서 소재별로 섬세하게 세탁할 수 있을까? 의류 소재에 관계없이 세탁할 수 있을까?

인풋 : 겉옷을 밖에 두는 새로운 라이프 스타일이 등장했다.

질문 : 겉옷을 밖에 걸어두면 정말 냄새가 빠질까? 겉옷 외에 현관에 걸어둘 만한 것은 또 무엇이 있을까?

　3단계에서는 질문을 계속 확장시켜야 한다. 답할 수 있는 질문만 던져야 한다는 부담은 내려놓자. 인풋과 직접적으로 연관된 질문만 던질 필요도 없다. 떠오르는 대로 자유롭게 던져보자. 질문은 하나의 촉매일 뿐이다. 생각이 계속 확장되도록 내버려 두자.

4단계
질문에 답하면서
상상하기

아인슈타인은 "지식보다 중요한 것은 상상력이다"라고 했다. 소리를 듣지 못한 베토벤이 그토록 아름다운 명곡을 작곡할 수 있었던 비결은 상상 속에서 악곡의 이미지를 그렸기 때문이다.

아이디어를 떠올리는 것을 '상상'이라고 한다. 상상은 형상 상(想)에 생각 상(像)을 조합한 말로, 형상 즉 이미지를 생각한다는 뜻이다. 영어로 '상상하다imagine'도 어원은 이미지image다. 그림을 그리듯이 머릿속에 생각을 그린다는 뜻이다.

우리 뇌는 신체기관이 감각한 것과 머리로만 그린 것을 구분하지 못한다. 아령을 드는 상상만으로도 근육이 길러졌다는 연구도 있다. 운동선수들도 이미지 트레이닝을 중요한 훈련 방법으로 활용하는 데는 이유가 있다.

하나도 놓치지 말고
모두 저장하자

킬러 아이디어를 도출하는 4단계는 3단계에서 던진 질문에 답을 하면서 자연스럽게 이미지를 그리는 작업이다. 3단계에서 '세탁기를 드레스 룸에 두면 어떨까?'라고 질문했다면 '드레스 룸에 두는 세탁기는 어떤 모양이 좋을까? 옷장처럼 생긴 세탁기라면 어떨까?'와 같이 질문에 답을 하며 상상 속에서 이미지를 구체화하는 것이다.

> **질문** : 미래에는 세탁기를 어디에 두고 쓸까? 옷을 벗고 입는 드레스 룸에 두면 어떨까?
>
> **상상** : 드레스 룸에 두기에 사각형 세탁기가 적당한가? 드레스 룸이니까 옷을 걸 수 있는 옷장형 세탁기가 좋을까? 아예 옷장처럼 생긴 세탁기는 어떨까?

질문 : 세제 없이 세탁할 수 있을까?

상상 : 세제 없이 물로만 빠는 세탁기는 어떨까? 광선 같은 것을 비춰서
옷을 깨끗하게 만드는 건 어떨까?

질문 : 겉옷을 밖에 걸어두면 냄새가 빠질까?

상상 : 냄새가 빠지는 정도가 아니라 향긋한 냄새까지 입혀진다면 어떨
까? 세균까지 없애주는 것은 어떨까?

질문과 상상은 모두 저장해 두자. 포스트잇을 활용해도 좋고,
태블릿PC를 써도 좋다. 중요한 것은 하나라도 놓치지 않는 것이
다. 이렇게 모은 재료들은 모두 나중에 킬러 아이디어를 도출하는
재료가 된다.

아이디어 엔진으로
상상하기

꼬리에 꼬리를 물며 질문하는 것처럼 질문에 대한 상상도 계속
이어서 펼쳐놓으며 생각을 확장시키자. 상상력이 고갈될 때는 13

개의 아이디어 엔진을 이용하자. 일반적으로 우리의 뇌는 점프를 잘하지 못한다. 비약적인 사고를 할 때는 도구가 필요하다.

하나의 질문에 하나의 답변만 해야 하는 것도 아니다. 질문을 하다 보면 꼬리에 꼬리를 물고 계속 질문이 이어지는데, 답변도 마찬가지로 하나의 질문에 여러 개가 주렁주렁 달릴 수 있다. 중간에 잘라내지 말고, 정리하려고 하지 말고 일단 계속해서 던져보자. 가장 좋은 아이디어만 뽑아내려고 하지 말자. 아이디어를 계속 확장시키는 것이 중요하다. 논리적으로 말이 안 되어도 좋다. 전혀 개의치 말자.

뒤집기 엔진을 이용해서 상상해 보자. 세탁기의 속성을 나열하고 뒤집는 방식이다.

속성 나열하기 : 세탁은 무엇인가? 세탁기는 무엇인가? 씻을 세(洗)에 빨탁(濯)을 써서 씻어주고 빨아서 깨끗하게 해주는 기계 아닌가?

뒤집기 : 세탁기가 세탁을 하지 않는다면? 세탁을 하지 않고도 깨끗해질 수는 없을까? 씻어주고 빨아주지 않아도 깨끗하게 할 수는 없을까? 먼지를 털어주고 세균을 없애서 깨끗하게 만들면 어떨까?

이번에는 연결하기 엔진을 활용해 세탁기와 옷장을 연결해 보자. 마찬가지로 속성을 먼저 알아야 한다.

속성 나열하기 : 옷장의 속성은 '옷을 걸어둔다', '옷을 보관한다', '습기가 쌓인다' 등이 있다. '습기가 쌓인다'를 떠올리니 옷장 밑에 놓는 '물 먹는 하마'가 떠오른다. 옷장에 제습제를 두면 자리도 차지하고 때마다 교체해야 해서 번거롭다.

연결하기 : 옷장형 세탁기인데 물로 빨아주는 것이 아니라 제습을 해주는 장치는 어떨까? 균도 없애고 막아주는 항균까지 된다면? 먼지도 털어주면 좋겠다. 왜 먼지만 털어주나? 주름도 없애주면 좋겠다. 아예 다려주자.

만약 질문에 대한 답이 바로 생각나지 않는다면 일단 넘어가는 것도 좋다. 즉각적으로 답이 떠오르지 않아도 상관없다. 다른 질문에 답하다가 새롭게 아이디어가 떠오를 수도 있다.

그룹으로 아이디어 회의를 진행한다면 각자 질문을 공유한 뒤에 함께 답을 내보는 것도 좋다. 혼자서는 생각하지 못했던 좋은 질문과 답을 발견할 수 있다.

5단계
상상을 구체화하기

무쇠를 만들 때는 뜨겁게 달궈진 쇳덩어리를 빠르게 식히고 다시 뜨겁게 달구는 담금질을 통해 철의 강도를 높인다. 아이디어도 마찬가지다. 발산과 수렴을 반복해야 더욱 단단해진다.

5단계는 지금까지 나온 아이디어들을 쭉 나열한 뒤 중복된 아이디어들을 제거하고 비슷한 것들끼리 합치면서 정리하는 단계다. 킬러 아이디어는 이처럼 정교하게 다듬는 과정에서 최종적으로 도출된다.

킬러 아이디어를 선별할 때
주의할 점 3가지

킬러 아이디어를 도출하려면 일단 괜찮은 아이디어를 선별해야 한다. 모든 아이디어를 다 개발할 수는 없다. 그런데 이 과정에서 많은 사람이 오류를 범한다. 아이디어를 선별할 때 주의해야 할 3가지를 살펴보자.

첫째, 나온 것들 중에서 대충 고르지 말자. 아이디어를 너무 적게 내서 선택할 아이디어가 별로 없는데도 '그냥 있는 것 중에서 골라야지' 하고 생각하면 안 된다. 앞서 1부에서 설명한 것처럼 적어도 100개는 내야 한다. 그래봐야 살아남는 아이디어는 5개 정도다. 그러니 너무 적어서 선택할 것이 없다면 다시 4단계로 돌아가서 아이디어부터 많이 내고 오자.

둘째, 자신의 아이디어를 과소평가하지 말자. 자유롭게 발산하며 아이디어를 낼 때는 몰랐는데 막상 다시 보니 초라하게 느껴질 수 있다. 밤새 정성껏 쓴 연애편지를 아침에 일어나서 다시 보면 차마 눈 뜨고 볼 수 없는 것처럼, 아이디어도 죄다 별로인 것처럼 보일 수도 있다.

아이디어는 자라서 꽃이 될 수도 있고 잡초가 될 수도 있다. 아직은 모른다. 될성부른 나무는 떡잎부터 알아본다고 하지만 아이디어에는 이 말이 적용되지 않는다. 그러니 함부로 속단하지 말

자. 별로 안 좋아 보였던 아이디어라고 해도 정교화하는 과정에서 킬러 아이디어로 재탄생할 수 있다. 일단 모아놓는 것만으로도 새로운 아이디어가 될 수 있다.

당장은 선택하지 않을 아이디어라도 버리지 말고 간직해 두자. 아이디어가 멋진가, 안 멋진가는 두 번째 문제다. 중요한 것은 하나라도 더 내는 것이다.

셋째, 주관적인 느낌이나 선호로 아이디어를 선택하지 말자. 하수들은 아이디어가 좋다, 나쁘다를 자신의 호불호로만 평가한다. 그래서 왜 안 좋은지 물어보면 '그냥'이라고 대답한다.

조직의 의사결정자라면 특히 이를 경계해야 한다. 객관적 기준에 의해서가 아니라 개인의 선호로 아이디어가 좋다, 나쁘다를 평가하면 함께 일하는 직원 입장에서는 아이디어의 어떤 면을 어떻게 발전시켜야 할지 알 수 없다. '내 마음을 맞혀봐!' 수준의 피드백은 일하는 사람들을 매우 지치게 한다. 말 그대로 무한도전을 요구하는 셈이다.

아이디어를 낸 당사자도 마찬가지다. 자신이 낸 아이디어를 다시 객관화해서 보기란 쉽지 않다. 아마 누구는 좋다고 한 아이디어를 또 다른 사람은 별로라고 하고, 내가 별로라고 생각한 아이디어를 누군가는 좋다고 하는 경험을 숱하게 겪어봤을 것이다. 이럴 땐 데이터를 근거로 판단해야 한다.

아이디어를
선별하는 법

아이디어를 선별하는 기준은 2단계에서 두꺼운 데이터를 쌓는 과정에서 만들어진다. 데이터를 통해 소비자의 라이프 스타일에 임팩트를 주는 요소를 발견해 기준으로 삼는 것이다. 내가 뽑은 아이디어가 소비자의 어떤 문제를 해결해 주는지, 그 문제가 소비자에게 진짜 중요한 문제인지, 소비자의 행동을 자연스럽게 유도할 수 있는 솔루션인지 데이터를 바탕으로 따져봐야 한다.

스타일러 아이디어를 만들 때는 소비자 니즈와 트렌드 데이터를 바탕으로 '미래의 홈 라이프 스타일 5가지'를 도출해 판단 기준으로 삼았다. 집에서도 자연을 느낄 수 있는 '그리니즘Greenism', 가사 노동을 대신하는 데서 나아가 집 전체를 쾌적하게 관리해 주는 '스마트 기술Smart Tech', 물리적인 건강과 위생, 안전뿐만 아니라 스트레스까지 관리하는 '건강관리 기기Dr. Home Appliance', 상황별로 다양하게 변경할 수 있는 '공간 설계U-space', 집에서 즐길 수 있는 '여가 관련 기술Homeverland'이다.

이렇게 정리한 기준을 바탕으로 '미래의 의류 관리 가전' 아이디어를 선별했다. 드레스 룸에 둘 수 있는 옷장형 세탁기, 세제 없이 세탁하는 세탁기, 냄새를 빼주고 항균 처리와 다림질까지 해서 새 옷처럼 만들어주는 세탁기 등의 아이디어를 추려낸 것이다. 세

재 없이 드레스 룸에서 편하게 이용하는 의류 관리 가전은 위생뿐
만 아니라 스트레스까지 관리하는 건강관리 기기로서 소비자에게
유의미하다고 판단했다.

단편적인 아이디어를
콘셉트로 정리하기

아이디어를 선별했다면 하나의 일관된 콘셉트로 정리해야 한
다. 나는 다음의 3가지 원칙을 바탕으로 콘셉트를 뽑는다. 소비자의
라이프 스타일을 바탕으로 소비자가 가치를 느끼는 '무엇'을 담아내
는 것이 핵심이다. 이를 통해 비로소 킬러 아이디어가 탄생한다.

1 | 현재의 라이프 스타일을 가장 잘 반영한 콘셉트는 무엇일까?
2 | 가장 빨리 구현 가능한 콘셉트는 무엇일까?
3 | 가장 공감이 가는 콘셉트는 무엇일까?

스타일러 아이디어를 정리해 보면, 옷장인데 제습도 되고 항
균도 되고 냄새도 없애고 먼지도 털어주고 향기도 나고 주름도 펴

줘야 한다. 또 드레스 룸에 놓았을 때 자연스러워 보여야 한다. 그래서 냄새를 빼주는 송풍 장치와 먼지를 제거해 주는 집진 장치가 설치된, '물세탁 없이 옷을 깨끗하게 만들어주는 신개념 세탁기'라는 콘셉트를 만들었다.

이 새로운 기기는 세탁기도 아니고 가구도 아니다. 이전에 없던 새로운 카테고리의 제품이다. 새로운 카테고리라는 말은 사람들에게 익숙하지 않다는 말이고 익숙하지 않다는 말은 둘 중 하나다. 일어난 적 없는 소비자 행태거나, 행태는 있지만 이용할 제품이 없었거나. 그런데 이 아이디어들의 경우 옷장 밑에 제습제를 두거나 외부에 겉옷을 걸어두는 식의 비슷한 행태가 있었기 때문에 비록 제품은 새롭지만 소비자의 행동을 억지로 바꾸는 건 아니라고 판단했다. 소비자의 행동을 바꾼다는 건 매우 어려운 일이다. 만약 새로운 카테고리의 제품이 소비자의 행동 변화를 일으켜야만 가능한 제품이라면 시장에서 성공할 확률은 거의 없다.

이 콘셉트는 당시 가전제품이 진화하던 방향과도 맞아떨어졌다. 위생, 청결 관련해서 공기청정기, 제습기, 정수기, 연수기, 비데 등으로 제품이 세분화되고 있었다. 그 분야에 대한 소비자의 니즈가 그만큼 크다는 뜻이다. 유해한 환경으로부터 자신을 안전하게 보호하고자 하는 욕구가 점점 더 커지고 있었다.

코로나에 비할 바는 아니지만 당시 사스 같은 감염병이 나타나고 미세먼지가 극성을 부리면서 건강을 생각하는 안전한 먹거리,

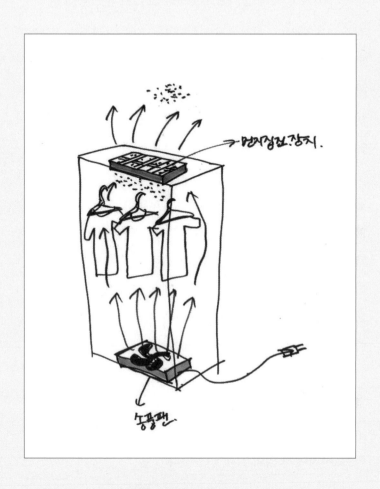

냄새를 빼주는 송풍 장치와 먼지를 제거해 주는 집진 장치가 설치된, '물세탁 없이 옷을 깨끗하게 만들어주는 신개념 세탁기'라는 콘셉트를 만들었다.

은나노 기술 등 눈에 보이지 않는 것들에 대한 위생과 청결까지도 신경 쓰게 되었다. 이러한 흐름은 미래로 갈수록 강해질 것이라고 판단했다. 미래 가전은 건강, 위생, 쾌적을 관리하는 방향으로 나아갈 것이며 지금의 '생활 가전'은 '건강 가전'이라는 패러다임으로 변화할 것이라고 예측했다. 다행히 예측은 적중했다. 특히 코로나를 거치면서 이 부분에 대한 니즈는 지금도 계속 커지고 있다.

당시 스타일러 외에도 미래 세탁 가전에 대한 새로운 콘셉트들을 도출했다. 속옷과 양말을 한꺼번에 세탁하는 건 찝찝한데 그렇다고 소량만 세탁하면 에너지 낭비라서 불편하다. 이런 문제를 해결하기 위해 세탁기 통을 칸으로 구획해서 옷감 재질이나 용도에 따라 옷들을 나누어 한꺼번에 넣고 세탁하는 세탁기 콘셉트도 나왔다. 이처럼 아이디어를 정교화하다 보면 단편적으로 던져졌던 아이디어들이 묶여서 여러 개의 재미있는 콘셉트가 탄생한다.

새로운 아이디어를
소비자에게 의미 있게 연결하라

킬러 아이디어를 만들었다면 그 아이디어가 소비자에게 필요한 이유를 정리해 보자. 소비자의 입장에서 콘셉트를 재점검하는 방법이다. 나는 이때 'Why(왜)-What(무엇을)-How(어떻게)' 도구를 자주 쓴다. 육하원칙 중에서 Who(누가), When(언제), Where(어디서)가 구체적인 계획이라면 Why, What, How는 생각을 본질적으로 고민하는 도구다. 왜 이것을 하려고 하고, 그래서 이게 무엇이고, 어떻게 쓰는지 설득하는 것이다.

'Why-What-How'를 묶어서 골든 서클 룰Golden Circle Rule이라고 한다. 골든 서클 룰이란 사람의 마음을 움직이는 전략으로 말하려는 무엇What이 다른 것과 어떻게 다른지How, 그것이 왜 존재해야 되는지Why 설명한다. 하지만 많은 사람이 '무엇'과 '어떻게'만 설명한다. 예를 들면 다음과 같은 방식이다.

우리 회사는 컴퓨터를 만드는 회사다. 우리 제품은 더 빠르고, 더 예쁘다.

이 정도의 설명으로는 마음이 움직이지 않는다. 골든 서클 룰을 이용하면 다음과 같이 말할 수 있다.

음악은 당신을 위로해 준다Why. 우리가 만든 이 물건은 음악을 하루 종일 들을 수 있게 한다What. 주머니에 쏙 들어가는 이 작은 기기를 손가락으로 돌리기만 하면 음악을 즐길 수 있다How.

애플의 이야기 방식이다. 애플은 늘 존재의 이유Why를 강조한다. '우리는 도전하고 다르게 생각하는 사람들이다', '우주에 흔적을 남기는 일을 한다', '제품이란 더 쉽고 더 아름다워야 한다' 등의 철학을 Why에 담아낸다. 이렇게 설득하면 사람들의 마음이 움직인다. Why는 근원, 근본이기 때문에 일종의 진심이다. 이 Why가 닿는다는 것은 진심이 닿는 것이다. 사람들의 마음은 이때 움직인다.

스타일러 아이디어는 다음과 같이 정리했다.

옷은 제2의 피부다. 깨끗하게 세탁한 옷을 입는 것은 당신의 기분까지 새롭게 만든다Why. 우리가 만든 스타일러는 매일 새 옷을 입는 듯한 기분을 느끼게 한다What. 그냥 옷장에 옷을 걸어두었다가 다음 날 꺼내 입기만 하면 된다How.

깨끗한 옷을 입는다는 건 기분까지 새롭게 바꾸는 경험이라는 Why를 강조했다. 단순히 '우리가 만든 스타일러는 옷을 손쉽게 깨끗이 해준다'라고 설명하는 것과는 다르다. Why는 근원, 근본이기 때문에 일종의 진심이다. 이 Why가 닿는다는 것은 진심이 닿는 것이다. 사람들의 마음은 이때 움직인다.

6단계
검증하고 설득하기

실행을 위해서는 두 가지가 필요하다. 하나는 진짜 이 아이디어가 될 것 같은지 스스로 확신하는 것이고, 또 다른 하나는 다른 사람을 설득하는 일이다. 6단계는 프로토타입으로 아이디어를 검증해 결과를 예측하고 이를 바탕으로 다른 사람을 설득하는 단계다.

수학 문제를 풀 때 내 답이 정답이라는 것을 어떻게 확신할까? 검산을 해보면 된다. 미지수 x를 구하는 문제에 내가 찾은 답을 대입해서 식이 성립하면 내 답이 정답이라는 것을 확신할 수 있다.

아이디어의 검산은 바로 프로토타입을 만드는 것이다. 아이디어는 아직 눈에 보이지 않기 때문에 시장에서 어떤 반응을 이끌어 낼지 판단하기 어렵다. 그럴 때는 시제품, 즉 프로토타입을 만들어서 말이 되는지 안 되는지 테스트를 하면 된다.

최대한 간단하고
빠르게 만들 것

프로토타입prototype이란 원래 '원형' 또는 '초기 형태'를 이르는 말로 양산 이전에 형상, 설계, 적합성, 성능 등을 평가해 개발 검증과 양산 검증을 하는 모형이다. 빠르게 피드백을 받고 수정하면서 정교화하는 데 이용한다.

프로토타입은 최대한 간단하고 빠르게 만들어야 한다. 고객 경험 아이디어를 담은 웹사이트 프로토타입이라면 실제로 웹사이트를 개발하기에 앞서 종이에 그림을 그릴 수도 있고, 그 그림에 링크를 달아 아주 간단한 PPT로도 만들 수 있다. 물리적인 제품이라면 찰흙이나 레고, 아이들 장난감 등으로 간단하게 만들어서 테스트할 수도 있다.

1차 테스트 대상은 바로 나다. 프로토타입을 만들어보면 내가 낸 아이디어가 말이 되는지 안 되는지 확인할 수 있다. 2차 테스트 대상은 소비자다. 소비자에게 프로토타입을 보여주고 피드백을 받으면서 정교화하는 것이다.

그런데 제품 말고 서비스 아이디어의 프로토타입은 어떻게 만들어야 할까? 가장 쉬운 방법은 역할극을 하면서 직접 시뮬레이션하는 것이다. 만화로 그려본다든지 시나리오를 만들어보는 방식도 있다. 중요한 것은 그 아이디어가 시장에 나왔을 때 어떻게 작동하는지 검증하는 것이다.

스타일러 사용 전과 후를
시나리오로 그리다

스타일러 아이디어의 프로토타입은 시나리오 형태로 만들었다. 스타일러를 이용하는 소비자의 모습을 상상하니 아주 자연스러운 사용 신scene이 그려졌다.

고깃집에서 회식하고 온 아빠가 퇴근해서 집에 들어온다. 예전 같으면 탈취제 한 통을 다 뿌려서 밤새 밖에 두며 냄새를 빼고, 그래도 냄새가 빠지지 않으면 다음 날 새 옷을 입고 나갔을 것이다. 하지만 스타일러에 걸어두니 냄새도 빠지고 새 옷처럼 깨끗하게 다려져서 다음 날 그대로 꺼내 입고 출근한다. 고급스러운 실크 블라우스를 입고 외출했던 엄마도 드레스 룸에서 옷을 갈아입은 뒤 블라우스를 스타일러에 넣어둔다. 주름이 생겼지만 문제없다. 며칠 뒤 다리미로 다린 것처럼 매끈해진 블라우스를 다시 꺼내 입는다. 고등학생인 아이는 매일 밤 교복을 벗어서 스타일러에 걸어놓는다.

옷을 늘 깨끗하게 새것처럼 입고 싶다면 매번 세탁소에 맡기면 된다. 그런데 그게 쉽지 않다. 비용도 문제지만 여러 벌 모아서 세탁소에 맡기고 찾아오는 것도 번거롭다. 세탁소에 맡길 옷들을 모으는 동안 냄새나는 옷들을 그냥 옷장에 둘 수도 없고, 그렇다고 밖에 계속 두기도 애매하다. 이러지도 저러지도 못해 불편함을 느낀다. 세탁을 둘러싸고 사람들이 어떤 행태를 보이는지 관찰하면 쉽게 알 수 있는 장면들이다. 나는 시나리오로 그린 프로토타입을 보면서 스타일러라는 제품을 사용하기 전과 후의 라이프 스타일을 비교했다. 그러자 소비자의 불편함을 해소시켜 줄 킬러 아이디어라는 확신이 들었다.

반응을 끌어내는 커뮤니케이션 기술

킬러 아이디어의 목적은 소비자의 마음을 사로잡는 것이다.

그러려면 전달하는 방식도 중요하다. 킬러 아이디어로 만들어진 제품이나 서비스를 마케팅할 때 이것이 소비자의 삶을 어떻게 바꿀지, 왜 가치 있는지 설득할 수 있어야 한다. 나의 이야기를 듣고 상대방은 어떤 메시지로 받아들이며 어떤 느낌을 받을지, 어떤 생각을 하고 어떤 행동을 할지 예상해 보자. 아무리 다양한 아이디어를 잘 생각하고 정리한다고 해도 소비자에게서 행동을 끌어내지 못하면 소용없다. 즉 반응을 끌어내야 한다.

커뮤니케이션과 관련해서 가장 효율적인 도구는 바로 IBFS다. '생각I think, 이유Because, 예시For example, 결론So' 순서로 설명하는 것이다. 이렇게 하면 군더더기 없이 깔끔하게 상대방에게 생각을 전달할 수 있다. 그뿐만 아니라 내 생각도 더 명확해진다.

예를 들어 '초등학생 때부터 한자를 공부해야 한다'라는 주장이 있다고 가정해 보자. '초등학생 때 영어 공부도 해야 되는데, 군

IBFS 설득의 원리

1단계	생각(I think)	생각을 주장하다
2단계	이유(Because)	통찰로 설득하다
3단계	예시(For example)	공감을 끌어내다
4단계	결론(So)	행동을 촉구하다

이 한자까지 공부해야 하나? 순우리말부터 제대로 배워야 하지 않나?' 등 다양한 반론이 나올 수 있다. 이에 대해서 이유를 대자.

왜냐하면 국어의 70%가 한자어로 되어 있기 때문이다.

이유가 붙으면 그냥 한자 공부를 해야 한다고 주장하는 것보다 좀 더 수긍이 간다. 한 번 더 쐐기를 박기 위해 예를 들자.

개구리, 두꺼비와 같은 양서류(兩棲類)는 물과 땅 양쪽에서 다 서식하는 종이다. 한자를 알면 정보를 추론할 수 있다.

이렇게 예시가 붙으면 우리말에 저런 구조가 얼마나 많은지 떠올리게 되고, 한자 공부가 도움이 되겠다는 생각이 들면서 공감이 된다. 마무리로 자신의 주장을 한 번 더 강조하자.

한자를 알면 국어를 더 잘할 수 있다. 초등학생 때부터 한자를 공부해야 한다.

주장을 강조하면서 행동을 촉구할 수 있다. 당장 다음 학기부터 한자 교육을 배정하자는 등의 진행 계획을 이야기하는 것이다.

통찰 없는 아이디어는
구호일 뿐이다

IBFS는 쉽고 단순해 보이지만 막상 적용하려고 보면 생각만큼 쉽지가 않다. 대부분의 경우 첫 문장부터 막힌다. 1단계 'I think'는 나의 생각이자 주장이다. 남이 조사해 놓은 자료가 아니라 어떤 현상에 대해 나의 관점을 적용한 나만의 해석이다. 이를 최대한 간결하게 정리해야 한다.

2단계 'Because'는 주장에 대한 근거다. '초등학생 때 한자 공부를 해야 된다'라는 주장에 대한 근거로 '왜냐하면 나는 그렇게 생각하니까'라고 한다면 전혀 근거로 작동하지 않을 것이다. '왜냐하면' 뒤에는 정보를 모아서 공통적으로 나타나는 패턴, 경향성 등을 근거로 삼아야 한다. 내 생각이 아니라 '우리말의 70퍼센트가 한자어로 되어 있다'와 같은 일반화된 내용이 붙어야 근거로 작동한다.

이유는 다른 말로 통찰Insight이다. 내 생각이 결과라면, 이유는 그 결과를 도출하기 위한 통찰이다. 통찰이란 모은 정보들을 꿰뚫는 것을 뜻한다. 정보를 꿰뚫기 위해서는 추상화된 수준으로 끌어올려서 생각해야 한다. 물론 쉽지 않다. 하지만 통찰 없는 생각은 혼자 외치는 구호일 뿐 주장으로서 힘을 받기 어렵다. 생각과 이유는 설득의 핵심이다.

3단계 'For example'은 구체적인 사례를 통해 주장을 공고히 하는 것이다. 논리가 탄탄해도 예시가 없으면 와닿지 않는다. 구체적인 예시가 붙어야 상상할 수 있고, 그래야 공감이 되면서 주장을 흡수할 수 있다. 여기에 4단계 'So'는 나의 주장에 한 번 더 쐐기를 박으면서 마무리하고, 행동을 촉구하면 된다.

스타일러 아이디어를 설득한 구조도 똑같다.

옷을 걸어두기만 하면 마치 세탁한 것처럼 깨끗하게 해주는 스타일러는 당신의 라이프 스타일을 바꿔줄 새로운 가전이다. I Think 드레스룸에서 갈아입은 옷을 저 멀리 있는 세탁기에 넣는 불편함과 고급 소재의 옷을 매번 빨아야 하는 번거로움을 해소할 수 있기 때문이다. 현관에 걸어두고 환기를 시켜도 한번 오염된 옷은 깨끗해지지 않는다. 이 기기에만 넣어두면 냄새도 빠지고 주름도 펴지고 먼지도 없어진다. 마치 새 옷처럼 입을 수 있다. Because 고기 냄새가 잔뜩 밴 아빠의 양복, 엄마의 주름진 브라우스, 아이가 매일 입는 교복……. 이제는 더 이상 골칫덩이가 아니다. For Example

이 새로운 기기는 입고 벗을 때마다 옷을 세탁해야 하는 번거로움을 없애준다. 바쁜 당신의 일상을 조금 더 여유롭게, 그리고 쾌적하게 만들어 더 나은 라이프 스타일을 즐기게 해줄 것이다. So

지금까지 킬러 아이디어를 도출하는 6단계를 살펴봤다. 고객 가치를 창출하는 아이디어는 놀라운 상상력만 가지고 만들어지지 않는다. 키워드를 설정하고, 인풋으로 진짜 문제를 찾고, 인풋에 대해 질문하고, 질문에 답하면서 솔루션을 상상하고, 상상을 구체화하고, 도출된 아이디어를 검증하고 설득하는 과정을 체계적으로 거치며 완성된다.

발산과 수렴을 오가는 이 작업은 생각보다 쉽지 않다. 하지만 이렇게 만들어진 킬러 아이디어는 이후 상품화, 마케팅, 브랜딩까지 막힘없이 나아간다. 세상에 존재해야 하는 이유가 분명하기 때문이다. 시장을 이기는 킬러 아이디어는 이렇게 탄생한다.

킬러 아이디어
설계 연습

TV 아이디어

킬러 아이디어 도출 과정을 쉽게 이해하기 위해서 가상의 프로 젝트를 함께 진행해 보자. 주제는 내가 난생처음 체계적으로 아이 디어를 도출했던 'TV 아이디어'다.

먼저 책을 덮고 머릿속에 TV 아이디어를 한번 떠올려 보자. 한 개도 좋고 두 개도 좋다. 아무것도 떠오르지 않아도 좋다. 그냥 넘 어가지 말고 잠깐이라도 멈추고 생각해 보길 바란다. 그다음 6단 계를 실행해 보자.

1단계
키워드 설정하기

TV 아이디어를 내기 위해서 키워드를 설정한다면 무엇이 좋을까? 키워드 설정은 아이디어의 목적을 정의하는 것이다. 왜 TV 아이디어를 만들려고 하는가? 가전 회사에서 TV를 새로 만들려고? 자동차 회사에서 TV를 만들려고? 새로 나온 TV를 광고하려고? 새로운 TV 프로그램을 만들려고? 쓸모없게 된 TV를 다른 용도로 쓰려고? 목적별로 키워드는 달라진다. TV 광고에 대한 아이디어를 낸다면 키워드는 'TV 광고 아이디어'가 되겠지만, 신제품 아이디어를 낸다면 'TV 아이디어'만으로도 충분하다.

키워드 : TV 아이디어

이때 추상적인 형용사는 배제하자. 추상적인 수사가 붙을수록 상상력을 발휘하기가 어려워지기 때문이다. 모든 아이디어는 새롭고 혁신적이길 기대한다. 따라서 키워드에는 '새로운', '혁신적인'과 같은 형용사를 떼는 것이 좋다. 일단 아이디어들을 내고 참신한지 아닌지는 5단계에서 아이디어를 선별할 때 따져보자.

2단계
인풋으로 진짜 문제 찾기

TV에 관한 인풋을 쌓아 두꺼운 데이터를 만들자. 세상의 모든 정보를 습득할 수는 없으니 질문을 던지면서 답에 해당하는 인풋을 찾아보자.

요즘에는 어떤 TV가 시중에 나와 있는가? 어떻게 광고하고 있는가? 소비자들은 어떤 TV를 선호할까? 코로나 때문에 집에 있는 시간이 많아지면서 다양한 활동을 할 수 있는 큰 집을 선호하는 경향이 생겼다고 하는데, 집이 커지면 TV도 더 큰 제품을 원할까? 아니면 멀티태스킹을 위해 한 대의 큰 TV보다 여러 대의 작은 TV를 이용하고 싶어 할까? TV는 앉아서 보는가, 누워서 보는가? 운동하면서 보는가? 요즘은 TV로 무엇을 보는가? 한때 5.1채널 스피커로 극장 시스템을 만드는 것이 유행이었는데, 요즘 TV와 찰떡궁합인 기술은 무엇인가? TV에 어떤 기술을 적용하고 있는가? TV를 영상 시청 외의 용도로도 활용하는가?

이렇게 질문하면서 자료를 찾으면 다양한 인풋을 두껍게 쌓을 수 있다. 이 중에서 무시할 수 없을 정도로 너무나 중요한 이슈가 부각된다면 키워드를 변경할 수도 있다. 여기서는 TV에 대한 배경지식을 쌓은 정도로 만족하자. 'TV 아이디어'라는 키워드는 변경하지 않고 진행해 보겠다.

3단계
인풋에 대해 질문하기

앞서 살펴본 인풋을 바탕으로 아이디어 엔진을 활용해서 질문을 만들어보자. 어떤 질문을 만들 수 있을까? 일단 우리가 흔히 보는 사각형의 커다란 TV를 떠올리며 질문을 던지자. 질문을 하면 반사적으로 답이 떠오를 것이다. 답이 떠오르면 머릿속에만 두지 말고 반드시 메모해서 남기자.

- **뒤집기** : TV의 속성을 부정하며 질문하자. 이때 주의할 점은 반대말을 찾으려 하지 않는 것이다. '검정색 TV의 반대는?'이라고 질문하지 말고 'TV가 검정색이 아니라면?' 이렇게 부정해야 한다. TV가 사각형이 아니라면 어떨까? TV가 움직인다면 어떤 모습일까?

- **연결하기** : 다른 대상의 속성을 빌려와서 질문하자. 아이스크림과 TV를 연결시킨다고 가정해 보자. 이 둘을 물리적으로 연

결시키는 건 어렵지만 아이스크림의 속성은 연결할 수 있다. TV가 아이스크림처럼 녹는다면 어떨까?

- **확대하기** : TV의 크기를 극단적으로 크게 확대해 보자. 이미 TV는 예전에 비해서 무척 커졌다. 더 커진다면 어떻게 될까? 비교할 대상을 설정해서 질문하자. TV를 벽보다 크게 만든다 면? 집보다 커진다면? 지구보다 커진다면?

- **축소하기** : TV의 크기를 극단적으로 줄여보자. TV가 손바닥보다 작아진다면? 렌즈보다 작아진다면? 머리카락보다 작아진다면?

- **룰 바꾸기** : TV를 둘러싼 룰을 나열하고 깨뜨려 보자. TV는 안 볼 때 화면이 꺼져 있다. 왜 TV는 안 볼 때 화면이 꺼져 있을까? 다르게 바꿀 수는 없을까?

- **이름 바꾸기** : TV에 새로운 이름을 붙여보자. TV를 '바보상자' 라고 부르는데, '천재상자'로 만들 수는 없을까?

- **순서 바꾸기** : TV를 이용하는 순서를 바꿔보자. TV를 켜려면 리모컨이 있어야 한다. TV로 리모컨을 켤 수는 없을까?

- **빼기** : TV의 핵심으로 보이는 요소를 빼보자. 화면을 제거한 TV가 있다면 어떨까? 소리가 나오지 않는 TV는 어떨까?

- **관찰하기** : TV와 TV 보는 사람들의 행태를 관찰하자. 많은 사람이 TV를 누워서 보는데, 그럼 누웠을 때 더 잘 보이는 TV를 만들면 어떨까?

- **비유하기** : TV를 다른 무엇에 비유하자. 수정구슬 같은 TV는 어떤 모습일까?

- **사물 되기** : 내가 TV가 되었다고 상상하자. TV는 언제 가장 기쁠까? 또 언제 가장 슬플까? 언제 화가 날까?

- **다른 사람 되기** : 다른 사람으로 빙의해서 TV 아이디어를 떠올리자. 내가 만약 스티브 잡스라면 어떤 TV를 만들까? 코코 샤넬이라면 어떤 TV를 만들까?

- **오감 연결하기** : 오감을 서로 섞어보자. 시각과 청각에 의존하는 TV에 촉각이나 후각을 연결시켜 보자. TV를 볼 때 냄새를 맡을 수 있다면 어떨까? TV의 소리를 더 실감나게 전달하려면 어떻게 해야 할까?

이렇게 13개의 엔진을 모두 활용할 수도 있지만 주제에 따라 특정 엔진과 잘 맞는 키워드도 있다. 아이디어 엔진에 익숙해지면 저절로 적절한 엔진이 떠오를 것이다. 일단 처음에는 모든 엔진을 활용해서 다양하게 질문을 만드는 연습을 해보자.

4단계
질문에 답하면서 상상하기

아이디어 엔진을 통해 만든 다양한 질문에 상상력을 더해 TV 아이디어를 내보자.

- **뒤집기** : TV가 검정색이 아니라면? 흰색? 노란색? 빨간색? 반짝거리는 TV는 어떨까? 영상 효과를 극대화하는 TV를 만들 수도 있다. TV는 보통 가로로 보는데, 가로 형태가 아니라면 어떨까? 세로로 보는 TV, 가로와 세로를 바꾸면서 보는 TV도 가능하다.

  실제로 삼성전자에서 세로형 TV인 '더 세로The Sero'가 출시되어 인기를 끌었다. 세로형 TV는 스마트폰과 연동해서 사용하기에 좋다. 세로형으로 제작된 스마트폰 콘텐츠들을 보기에 편리하기 때문이다.

- **연결하기** : TV가 아이스크림처럼 녹는다면 어떨까? TV 화면이 꺼질 때 마치 아이스크림이 녹는 것처럼 스르륵 꺼지게 만들면 어떨까? 단번에 꺼지는 TV보다 훨씬 감성적이지 않을까?

- **확대하기** : TV가 벽보다 커진다면 어떨까? 벽을 아예 TV로 만들 수도 있다. 벽걸이 TV가 아니라 벽 TV다. 콘텐츠를 보는 TV가 아니라 커튼도 되었다가 창도 되었다가 하면서 기능이 바뀌면 어떨까? 세계 최대 규모의 가전·IT 전시회인 CES에서 한쪽 벽면을 완전히 덮는 292인치 TV가 출품된 적이 있다. 가로 6.5미터, 세로 3.6미터의 거대한 TV였다.

- **축소하기** : TV가 렌즈보다 작아진다면 어떨까? TV 대신 콘택트렌즈를 끼고 TV를 시청할 수도 있을까? SF 영화에서 등장할 법한 시나리오다. 나는 현실에 바로 적용할 아이디어뿐만 아니라 미래 시나리오를 만드는 작업도 자주 한다. 미래 시나리오도 별반 다르지 않다. 다소 엉뚱해 보이는 아이디어들도 현재 나와 있는 기술과 연결시키면 실현 가능한 시나리오로 도출된다. 모조Mojo라는 회사에서는 콘택트렌즈처럼 안구에 끼우는 초소형 전자 디스플레이 '스마트렌즈'를 만들고 있다.

- **룰 바꾸기** : 왜 TV는 안 볼 때 화면이 꺼져 있을까? 일정 시간이

지나면 자동으로 꺼진다거나 내가 좋아하는 콘텐츠가 나오면 자동으로 켜지는 TV는 어떨까? TV의 검은색 화면 대신 예술 작품을 보이게 하면 어떨까? 삼성전자의 '더 프레임 The Frame TV'는 TV를 보지 않는 동안에 그림이나 사진을 화면에 띄워서 마치 액자에 담긴 작품처럼 화면을 감상할 수 있게 만들어졌다.

• **이름 바꾸기** : TV가 바보상자가 아니라 천재상자라면 어떨까? EBS와 같은 교육 채널을 활용할 수도 있고, TV에 두뇌 훈련 기능을 추가해 브레인 피트니스를 이용할 수도 있다. 지금 우리가 활용하고 있는 아이디어 엔진을 TV에 탑재하는 것이다.

• **순서 바꾸기** : 리모컨으로 TV를 켜는 게 아니라 TV로 리모컨을 켤 수는 없을까? 리모컨을 못 찾아서 TV를 못 켜는 경우가 많다. TV에 스마트 스피커 기능을 넣어서 "리모컨 좀 찾아줘"라고 하면 리모컨을 찾아주는 TV를 만들면 어떨까? 미국의 스타트업 트랙알TrackR에서는 위치 추적 트래커를 TV와 리모컨에 부착해서 서로 거리가 멀어지면 알람이 울리게 만들었다. 이런 기능을 활용하면 리모컨을 잃어버릴 일이 없다.

• **빼기** : TV의 핵심인 화면을 제거한 TV는 어떤 모습일까? 화면 대신 뭐가 있으면 좋을까? 평평한 화면이 아니라 홀로그램은

234

어떨까? 화면 대신 다채로운 빛을 쏘는 조명이 있다면 어떨까? 화면이 없는 투명 TV는 어떨까? 샤오미에서는 2020년에 창립 10주년 기념으로 투명 TV를 선보였다.

- **관찰하기** : 누워서 봐도 잘 보이는 TV를 만들면 어떨까? 보는 자세에 따라 최적의 각도로 비틀어주는 TV는 어떨까? 누워서 TV를 보는 자세는 목디스크의 지름길이라고 한다. 그래서 목디스크를 예방하면서 누워서 볼 수 있는 안경도 나왔다. 반사 각도를 조절해 TV를 보는 것이다.

  TV 스탠드의 높낮이를 조절할 수 있다면 어떨까? 누워서 볼 때는 높이를 아래로 내리고 앉아서 볼 때는 올리는 것이다. 원하는 장소에서 볼 수 있게 이동식 TV를 만들면 어떨까? 스탠드에 바퀴를 달아서 집 안 곳곳으로 옮길 수 있는 TV다. TV에 무빙휠을 적용한 LG전자의 TV '스탠바이미 StanbyMe'는 출시하자마자 대히트를 쳤다.

- **비유하기** : 수정구슬 같은 TV는 어떤 모습일까? 나의 미래를 상상해서 TV 화면으로 불러오면 어떨까? 이미지 트레이닝에 TV를 활용할 수 있지 않을까?

- **사물 되기** : 내가 TV라면 언제 가장 기쁠까? 또 언제 가장 슬플

까? 언제 화가 날까? TV를 보고 누군가 깔깔깔 웃을 때 가장 기쁘지 않을까? 그렇다면 TV 보는 사람의 웃는 모습을 포착해서 보여주는 TV는 어떨까? 기분이 울적할 때마다 웃고 있는 자신의 모습을 보며 기분 전환을 시켜주는 것이다.

- **다른 사람 되기** : 내가 만약 스티브 잡스라면 어떤 TV를 만들까? 전 세계의 소비자를 타기팅하기 위해 전 세계의 모든 채널을 볼 수 있는 TV를 만들지 않을까?

- **오감을 연결하기** : TV에 나오는 물건의 냄새를 맡을 수 있다면 어떨까? 꽃향기만 한정해서 TV에 꽃이 나올 때마다 향기가 난다면 어떨까? 아니면 냄새 잡는 TV는 어떨까?

이런 아이디어들은 허무맹랑하게 보일 수도 있다. 또 이미 상용화된 경우도 있다. '그거 벌써 나왔는데?' 하고 김새는 소리를 하며 아이디어를 끊지 말자. '이게 말이 되나?' 하면서 자르지도 말자.

아이디어는 일단 저 멀리 안드로메다로 가야 한다. 그래야 그 아이디어를 지구에 내렸을 때 다만 몇 미터라도 공중부양을 할 수 있다. 기존과는 뭐라도 다른 아이디어가 되는 것이다. 그렇지 않으면 땅바닥에 착 달라붙어서 처음부터 땅에 있던 아이디어와 구분이 되지 않는다.

새로운 아이디어를 원하면서도 막상 새로운 아이디어를 접했을 때 말도 안 된다고 치부해 버리는 경우가 많다. 말도 안 되는 아이디어를 어떻게 현실화할지 고민할 수 있어야 새롭고 차별화된 아이디어를 만들 수 있다.

5단계
......
상상을 구체화하기
......

13개의 아이디어 엔진을 이용해 다양한 TV 아이디어를 도출했다. 그중에 무엇을 골라서 정교화할 것인가? 선택의 기준은 개인의 호불호가 아니라 인풋으로 쌓은 두터운 데이터를 바탕으로 해야 한다. 여기서는 '내가 원하는 방식으로 세팅할 수 있는 TV'로 선별 기준을 가정하고 아이디어를 골라보자.

아이디어를 구체화할 때는 하나의 아이디어만 골라서 확장시킬 수도 있고 여러 개의 아이디어를 합칠 수도 있다. 나는 3개의 아이디어를 골랐다. 스탠드에 바퀴를 달아서 움직일 수 있는 TV, 전원을 끄면 화면에 예술 작품이 나오는 TV, 가로와 세로를 바꿀 수 있는 TV다. 이 3가지를 합쳐서 콘셉트를 만들어보자. 내 마음대로 이동시킬 수 있고, TV 시청 외에도 원하는 용도로 쓸 수 있고, 가로와 세로로 마음대로 움직일 수 있는 '내 마음대로 3 TV'라는 콘셉트를 만들 수 있다.

평소에는 가로형 TV로 쓴다. 스마트폰과 연동해서 온라인 콘텐츠를 볼 때는 세로형으로 바꿀 수 있다. TV 스탠드에는 바퀴가 달려 있어서 이동할 수 있다. 콘센트가 없는 곳에서도 자유롭게 쓸수 있도록 전선 대신 배터리가 장착되어 있다. TV 스탠드에는 배터리 충전 기능이 있어서 TV 보는 시간을 충분히 확보할 수 있다. 사용하지 않는 동안에는 화면에 예술 작품이나 사진이 나와서 인테리어 기능을 한다.

이처럼 아이디어를 선별해 콘셉트를 정교화했다면 이 아이디어가 소비자에게 필요한 이유를 정리해야 한다.

'내 마음대로 3 TV'는 내가 원하는 공간에서 내가 원하는 방식으로 살아가는 자기 주도적인 현대인의 라이프 스타일을 반영한 콘셉트다. 한자리에 고정된 TV를 수동적으로 이용하는 게 아니라 내가 원하는 공간에서 원하는 방식으로 다양하게 활용하는 것이다. 심지어 TV를 이용하지 않을 때도 내가 보고 싶은 그림이나 사진을 화면에 띄워 감상할 수 있다. 온전히 나를 위해서 존재하는 TV다.

이렇게 '내 마음대로 3 TV'가 존재해야 하는 이유를 기술하면 콘셉트가 더욱 명확해진다.

6단계
검증하고 설득하기

'내 마음대로 3 TV' 아이디어의 프로토타입은 레고로 만들어볼 수 있다. 방 3개로 이뤄진 집을 만들고 거실에 프로토타입으로 만든 TV를 둔 뒤 이 방 저 방으로 이동시켜 보는 것이다.

프로토타입으로 테스트를 하다가 한 가지 문제를 발견한다. TV에 셋톱박스, 공유기 등 주변기기가 잔뜩 달려 있어서 연결선을 꽂았다가 빼는 것이 너무 번거로운 것이다. '움직이는 TV'는 현실화하기 어려울 것 같아 보인다. 그렇다면 TV 프로그램 말고 인터넷 콘텐츠를 보는 용도로 사용하면 어떨까? 요즘은 'TV 본방 사수'가 아니라 '유튜브 라이브 사수'라는 말이 유행할 만큼 유튜브를 많이 본다. 이러한 라이프 스타일을 반영해 '움직이는 TV'에 와이파이 수신 기능을 달거나 스마트폰 화면을 그대로 보는 미러링 기능을 지원할 수 있다.

TV 화면에 그림이나 사진을 띄워놓는 기능은 전기세 부담이 우려된다. 일정 반경 안에 사람이 있어야 화면이 켜지는 기능을 추가하면 어떨까? 저전력 모드의 e-잉크 기능을 추가할 수도 있다. 이처럼 프로토타입을 만들면서 아이디어를 계속 정교화할 수 있다.

마지막으로 소비자에게 '내 마음대로 3 TV' 아이디어의 가치를 알리는 IBFS를 만들어서 킬러 아이디어로 완성하자.

'내 마음대로 3 TV'는 원하는 대로 TV의 위치를 옮기고, 화면을 가로와 세로로 자유롭게 바꾸고, 꺼진 화면까지 마음대로 활용할 수 있는 TV다. I Think

당신은 더욱 능동적이고 자유로운 라이프 스타일을 원한다. Because

오늘날 대부분의 사람은 자신의 취향을 적극적으로 드러내고 즐기며 살아간다. 좋아하던 과자가 절판되면 기업에 재판매를 요구할 정도로 적극적이다. 서로에 대해 잘 모르는 사이라도 취향만 비슷하다면 스스럼없이 만나서 이야기를 나누며 시간을 보낸다. For Example

'내 마음대로 3 TV'는 내가 TV 앞으로 가는 것이 아니라 내가 있는 곳으로 TV를 오게 할 수 있다. 위치, 형태, 용도 모두 내가 원하는 대로 선택하는 것이다. '내 마음대로 3 TV'와 함께라면 보다 더 자유롭고 다채로운 일상을 살 수 있다. 당신다운 삶, 당신에게 딱 맞는 라이프 스타일을 만들 수 있다. So

아이디어를
방어하는 5가지 방법

아이디어를 내면 결국 누군가로부터 평가를 받기 마련이다. 내 생각에는 대단한 것 같은 아이디어도 다른 사람은 다르게 평가하는 경우가 참 많다. 원래 무엇인가에 몰입해 있을 때는 그 대상의 장단점이 잘 보이지 않는다. 그런데 다른 사람에게 훈수를 둘 때는 부족한 점이 기가 막히게 보인다.

평가를 객관적으로 받아들여서 아이디어를 발전시키려면 어떻게 해야 할까? 또 평가자의 태도 때문에 아이디어가 묵살당할 위기에 처했을 때는 어떻게 대처해야 할까?

평가받을 때
주의할 점 2가지

아이디어를 다른 사람에게 공유하고 평가받을 때는 2가지를 주의해야 한다. 첫째, 사람들의 의견에 휘둘러서 아이디어를 쉽게 죽이면 안 된다. 아이디어의 장단점을 객관적으로 점검하기 위해서 다른 사람에게 평가를 받는 일은 꼭 필요하다. 그런데 문제는 평가를 받다가 아이디어를 죽이는 경우가 너무 많다는 것이다. 아이디어는 아주 연약하고 평가의 기준은 사람마다 다르다. 평가하는 사람마다 누구는 좋다고 하고, 누구는 별로라고 한다. 어떤 평가는 약이 되고 어떤 평가는 독이 된다. 스스로 기준을 세우고 어떤 평가를 취하고 버릴지 판단해야 한다.

둘째, 아이디어에 대한 평가는 나에 대한 평가가 아니라는 걸 기억하자. 많은 사람이 아이디어와 나를 동일시한다. 아이디어를 비판하면 마치 자신을 비판하는 것처럼 생각하는 것이다. 오랫동안 공들이고 애정을 쏟아서 만든 아이디어이기에 마치 내 자식처럼 느낄 수 있다. 누구든 자식이 욕먹으면 좋은 마음일 수 없다. 마치 나를 욕하는 것처럼 느낄 수도 있다. 하지만 아이디어는 내가 아니다. 평가받을 때는 나와 아이디어를 멀찌감치 떼어 놓는 자세가 필요하다.

평가자의 5가지 유형과
아이디어 방어법

객관적으로 성의 있게 평가하는 평가자를 만나면 행운이지만, 얼토당토않은 이유로 아이디어를 공격하는 평가자도 있다. 이렇게 공격을 당하다 보면 '아이디어 따위 더 이상 내지 않겠다'고 다짐하게 된다.

어떻게 해야 내 아이디어를 지킬 수 있을까? 먼저 평가자가 어떤 사람인지 알아야 한다. 평가자의 유형은 크게 5가지로 구분할 수 있다. 첫째, 데이터만 믿는 논리 분석형이다. 둘째, 자신의 경험 외에는 아무것도 이해를 못하는 고정관념형이다. 셋째, 반응이 없는 무반응형이다. 넷째, 모든 변화를 거부하는 보수형이다. 무반응형보다 더 격렬히 아무것도 안 하겠다는 사람들이다. 다섯째, 의도 없이 정보만 나열하는 정보나열형이다. 유형별로 특징과 대처법을 하나씩 살펴보자.

유형 1
데이터에 집착하는 논리형

아이디어는 직관적이고 주관적인 정보다. 그런데 객관적인 근거에 유독 집착하는 사람들이 있다. 아이디어의 좋고 나쁨을 떠나서 데이터가 없으면 불안한 사람들이다. 대처법은 아주 쉽다. 데이터를 주면 된다.

데이터에서 인사이트를 찾는다는 건 쉬운 일이 아니다. 마치 모래사장에서 바늘 찾는 것과 같다. 그래서 빅데이터를 돌려서 분석했다며 가져오는 결과물을 보면 '겨우 이거 찾으려고 그 많은 돈을 주고 그 오랜 시간 동안 빅데이터를 돌린 건가?' 싶은 경우도 종종 있다. 데이터에서 인사이트를 찾을 때는 전문가와 함께 가동해야 유의미한 결과를 얻기가 쉽다.

반면 있는 아이디어에 데이터를 붙이기는 쉽다. 인풋을 쌓으면서 찾았던 데이터 중에서 맞춤한 자료를 제시하면 된다. 예를 들어 주방 가전에 대한 아이디어를 도출했다면, 가전제품 중에서 주방 가전에 주목한 근거를 데이터로 제시하는 것이다. 데이터를 추가로 찾아볼 수도 있다. 앞서 도출한 '내 마음대로 3 TV' 아이디어의 경우 사람들이 집에서 전보다 많은 시간을 보내고 있다는 데이터를 제시할 수 있다. 오래 머무는 공간에서 더 자유롭게 생활하도록 도와주는 아이디어임을 강조하는 것이다. '코로나', '집'과 같은 키워드로 검색해 보면 다양한 데이터가 나올 것이다.

논리형에게는 심증 말고 물증이 필요하다. 그래서 오히려 대처하기가 쉽다. 물증만 있으면 마음에 안 드는 아이디어라도 수긍하기 때문이다.

유형 2
....
자신의 경험만 믿는 고정관념형
....

내가 본 것, 내가 들은 것, 내가 한 것만 믿는 유형이다. 이 사람들이 자주 하는 말이 있다.

"나 때는 말이야."

다른 말로 꼰대형이다. 모든 판단의 기준은 본인의 경험이다. 자신이 과거에 시도했는데 실패했던 아이디어라면 앞으로도 절대 안 된다고 믿는다. 세월이 바뀌었으니 예전에는 안 된 것도 이제는 될 수 있다는 생각을 못 한다. 자신의 경험만 가지고 판단하기 때문에 아이디어 하나에 대해서 안 되는 이유를 백만 가지도 댈 수 있다.

고정관념형은 어떻게 대처해야 할까? 이에는 이, 눈에는 눈. 경험에는 경험이다. 간접 경험, 즉 성공 사례를 제시하는 것이다. 예를 들어 건강관리 서비스에 대한 아이디어를 냈다고 가정해 보자. 건강관리 서비스를 받고 건강이 좋아진 연예인, 건강관리 서비스를 성공시켜서 매출이 급증한 회사의 사례를 제시하는 것이다.

고정관념형은 특히 자신이 존경하는 사람이나 의식하는 사람의 사례일 경우 백발백중 설득된다. 그래서 라이벌 회사의 성공 사례를 예로 들면 "그래? 그럼 우리도 해야지!" 이런 식으로 단번에 태도가 바뀔 수 있다. 간접 경험으로 고정관념을 깨뜨리자.

유형 3
·············
아무 관심 없는 무반응형
·············

무반응형은 아이디어에 아무런 관심이 없다. 자신의 일이 아니라고 생각한다. 찬성 의견도, 반대 의견도 없다. 도와주지는 않지만 훼방을 놓는 건 아니라서 나쁘지 않다.

그런데 의사결정자가 무반응형이면 문제가 커진다. 뭔가 잘못되었다고 피드백을 준다면 고치면 되는데 아무 말이 없으면 뭘 어떻게 하라는 건지 알 수 없어서 난감하다. 아이디어가 별로라는 건지, 좋은데 아쉬운 점이 있다는 건지 알 수 없다. 가만히 있는 게 도와주는 거라고 하지만 막상 이런 유형을 만나면 무척 답답하다.

무반응형에게서 반응을 끌어내려면 지금 가만히 있을 상황이 아니라는 것을 주지시켜야 한다. 당장 아무것도 결정하지 않으면 앞으로 어떤 일이 벌어질지 예측해서 알려주는 것이다. 생각을 안 하면 안 되도록 만들어야 한다.

예를 들어 A 제품에 B 기능을 넣자고 아이디어를 냈는데 아무런 반응이 없다면, B 기능을 넣지 않았을 때 벌어질 일을 생생하게 시뮬레이션해서 설명하자. 누가, 언제, 어떻게, 언제까지, 어떤 행동을 해야 할지 상세한 행동 계획까지 이야기해 줄 필요가 있다.

유형 4
아무것도 안 하고 싶은 보수형

무반응형이 방치하는 유형이라면 보수형은 더 적극적으로 뭐든 안 하고 싶은 유형이다. 정도의 차이는 있지만 보수형은 어떤 조직이든 제일 많다. 또 위계질서가 강하고 시스템이 경직된 조직일수록 많다. 5가지 유형 중에서 제일 격렬하게 반대하기 때문에 방어하기도 쉽지 않다.

보수형은 일단 굉장히 소극적이다. '왜 일을 만드나' 이런 생각뿐이다. 아이디어라는 새로운 것이고, 새롭다는 건 지금까지 하던 것과는 다른 변화를 불러일으키는 것이다. 그런데 보수형은 그 변화를 싫어한다. 아이디어가 좋든 나쁘든 상관없이 변화가 싫은 것이다.

보수형에게서 아이디어를 방어하려면 어떻게 해야 할까? 아이디어를 실행한다고 해서 천지개벽하는 게 아니라는 사실을 알려줘야 한다. 아이디어를 실행에 옮겼을 때 생길 리스크와 대처 방안을 자세하게 설명하며 안심시키는 것이다. 제일 좋은 건 프로토타입으로 테스트한 결과를 직접 보여주며 문제없다고 설득하는 것이다. '그래도 안 된다면 안 할 테니 너무 걱정하지 말라'는 메시지를 주자.

정보형은 본인의 의도와 상관없이 가장 치명적으로 아이디어를 죽일 수 있는 유형이다. 이들은 본 것도 많고. 한 것도 많고. 아는 것도 많다. 그래서 어떤 아이디어든 관련 정보를 곧바로 떠올리고 나열한다.

"이거 몇 년 전에 해봤는데 안 돼."

"이거 다른 데서 이미 하고 있어."

아이디어는 연약하기 때문에 이런 말 한마디에도 쓰러져 죽는다. 이들에게 악의는 없다. 단지 자신이 아는 것을 공유할 뿐이다. 그래서 더욱 거리낌 없이 이야기한다. 자신이 뭘 잘못하고 있는지도 의식하지 못한다. 무반응형의 리액션이 '무반응'이라면, 정보형의 리액션은 '정보'라고 생각하면 된다.

정보형에게 아이디어를 공유할 때는 아이디어를 평가하는 게 아니라 아이디어를 더해달라고 요청하자. 그러면 자신이 알고 있는 정보들을 한보따리 쏟아낼 것이다. 아이디어를 죽이는 리액션에서 살리는 리액션으로 전환시키는 것이다. 그렇게 하면 오히려 아이디어를 발전시키는 데 도움을 받을 수도 있다.

아이디어라는 것은 전에 없던 새로운 것이다. 새로운 것은 저

항을 수반하기 마련이다. 변화를 이끌기 위해 겪어야만 하는 과정인 것이다. 유용한 피드백은 적극적으로 받아들이되 가능성을 차단하는 피드백은 튕겨낼 줄 알아야 한다. 공들여 만든 아이디어가 세상 빛도 못 보고 사라져 버리지 않도록, 아이디어의 힘으로 더 나은 라이프 스타일을 만들어낼 수 있도록 현명하게 방어하자.

고객의 상상을 뛰어넘어야
마음을 사로잡을 수 있다

자동차를 수리해 본 적 있다면 알 것이다. 공구를 차 위에 올려놓고 쓰는 게 얼마나 불편한지 말이다. 공구들은 유선형인 차 위에서 가만히 있지 못하고 쉽게 굴러떨어진다.

공군 비행기 정비공이었던 톰 버던Tom Burden은 비행기를 고치면서 똑같은 불편함을 느꼈다. 유선형인 비행기 위에 올려둔 공구가 계속 굴러떨어졌던 것이다.

'바닥에 딱 달라붙고 유연하게 휘어지면서 미끄러지지 않는 공

250

구함은 없을까?'

고민 끝에 그는 그리프매트Grypmat를 만들어낸다. 고무 재질로 만들어서 바닥면이 유연하게 휘는 공구함이다. 굴러떨어지는 공구를 보며 불평하는 대신 아이디어를 건져 올린 것이다.

공구함에 대해서 사람들이 원하는 것은 멋지고 화려한 외관이 아니라 어떤 상황에서도 공구를 떨어뜨리지 않고 잘 담아내는 도구다. 그게 공구함의 본질이다. 사람들은 본질에 충실한 제품에 가치를 둔다. 그래서 본질을 건드리는 제품은 시장에서 강력한 힘을 발휘한다. 톰 버턴의 그리프매트는 〈타임〉이 뽑은 '혁신 제품 50'에 선정되었다.

킬러 씽킹은 발산과 수렴을 반복하며 본질에 대해 생각하도록 징검다리를 놔준다. 본질을 꿰뚫어 소비자가 불편함을 느끼는 진짜 문제를 해결할 수 있다면 화려한 기술이 없어도, 돈이 없어도 비즈니스 전쟁에서 살아남을 수 있다. 아이디어만 있으면 기술은 외부에서 소싱하고 돈도 투자받을 수 있는 세상이다. 핵심은 아이디어다.

혹시 자신은 비행기 정비공이 아니라서 저런 아이디어를 내지 못한다고 생각하는가? 그렇다면 킬러 아이디어를 설계하는 프레임워크 6단계를 다시 떠올려 보자.

'공구함'이라는 키워드를 설정하고 6단계를 밟으며 생각을 전개시켜 보자. 고무로 만든 공구함 아이디어를 어딘가에서 분명히 마주칠 것이다. 공구를 많이 쓰는 현장을 찾아가 두꺼운 데이터를 쌓으며 아이디어를 얻을 수도 있고 자동차의 입장에서 공구함을 바라보며 아이디어를 만들 수도 있다. 아이디어는 천재들의 전유물이 아니다. 킬러 씽킹의 기술만 익히면 누구나 일상에서 만들어 낼 수 있다.

킬러 아이디어를 발굴했다면 그 아이디어가 세상의 빛을 볼 수 있도록 소비자에게 연결시켜야 한다. 소비자가 가치를 느끼는 지점을 짚어주는 것이다. 사람들은 자신이 이해한 세상 안에서만 새로운 것을 받아들인다. 오렌지를 모르는 사람에게 오렌지란 귤보다 크고 딱딱한 과일일 뿐이다. 귤이라는 세상 안에서 오렌지를 받아들이는 것이다.

스타일러도 마찬가지였다. 소비자들이 "세탁기가 있는데 의류 관리 가전이 왜 또 필요해?"라고 생각하는 데서 그쳤다면 쓸모

없는 아이디어로 전락해 세상에 나오지 못했을 것이다. 보다 편리하고 자유로우면서도 위생적으로 안전한 라이프 스타일을 꿈꾸는 소비자의 니즈에 아이디어를 연결했기 때문에 가치를 드러낼 수 있었다.

한때 세계 1위 휴대폰은 노키아, TV는 소니였다. 하지만 지금은 노키아가 어떤 회사인지, 소니가 언제 TV를 만들었는지도 모르는 사람이 대다수다.

통계 전문 기관인 스타티스타Statista에서 조사한 S&P 500대 기업을 보면 1965년에는 기업 존속 기간이 32년이었지만 2012년에는 18년으로 줄어들었다. 시장은 점점 더 치열해지고 있다. 소리 없는 전쟁을 펼치고 있는 것이다.

자본과 실행력 모두를 갖추고도 비즈니스는 80퍼센트 이상 실패한다. 시장의 한계를 뛰어넘는 아이디어를 찾아야 시장을 이긴다. 이 냉혹한 현실은 시련인 동시에 기회다.

떨어지는 공구를 보고 불평하는 사람도 있지만 어떤 사람은 아이디어를 개발해 창업을 한다. 태풍으로 사과 농사를 망친 절망적인 상황에서 울상을 짓는 농부도 있지만 어떤 사람은 '합격 사과'를

만들어 예년보다 더 많은 수익을 낸다. 절망의 끝에서 희망을 꽃
피우는 것이다. 킬러 씽킹은 바로 그 희망의 길을 열어줄 무기다.
당신의 건투를 빈다.

도판 출처

시장의 한계를 뛰어넘는 13가지 아이디어 엔진

킬러 씽킹

초판 1쇄 발행 2022년 7월 28일
초판 2쇄 발행 2022년 8월 26일

지은이 박성연
펴낸이 김선식

경영총괄 김은영
책임편집 박유아 **책임마케터** 최혜령
콘텐츠사업9팀장 봉선미 **콘텐츠사업9팀** 박유아
편집관리팀 조세현, 백설희 **저작권팀** 한승빈, 김재원, 이슬
마케팅본부장 권장규 **마케팅1팀** 최혜령, 오서영
미디어홍보본부장 정명찬 **홍보팀** 안지혜, 김민정, 오수미, 송현석
뉴미디어팀 허지호, 박지수, 임유나, 송희진, 홍수경 **디자인파트** 김은지, 이소영
재무관리팀 하미선, 윤이경, 김재경, 안혜선, 이보람
인사총무팀 강미숙, 김혜진, 황호준
제작관리팀 박상민, 최완규, 이지우, 김소영, 김진경, 양지환
물류관리팀 김형기, 김선진, 한유현, 민주홍, 전태환, 전태연, 양문현, 최창우
외부스태프 표지 및 본문 디자인 디박스

펴낸곳 다산북스 **출판등록** 2005년 12월 23일 제313-2005-00277호
주소 경기도 파주시 회동길 490, 3층
전화 02-702-1724 **팩스** 02-703-2219 **이메일** dasanbooks@dasanbooks.com
홈페이지 www.dasanbooks.com **블로그** blog.naver.com/dasan_books
종이 한솔피엔에스 **인쇄** 민언프린텍 **코팅 및 후가공** 제이오엘엔피 **제본** 다온바인텍

ISBN 979-11-306-9258-6 (03320)

다산북스(DASANBOOKS)는 독자 여러분의 책에 관한 아이디어와 원고 투고를 기쁜 마음으로 기다리고 있습니다.
책 출간을 원하는 아이디어가 있으신 분은 다산북스 홈페이지 '투고원고'란으로 간단한 개요와 취지, 연락처 등을 보내주세요.
머뭇거리지 말고 문을 두드리세요.